Gagner sa vie avec la Pierre

LA STRATEGIE DU RENTIER

Avant-Propos

Vous ne désirez pas travailler tous les jours de la semaine pour subvenir à vos besoins ? Si c'est le cas, vous devriez peut-être penser à l'immobilier. L'immobilier fait partie des piliers essentiels pour assurer sa liberté financière. Ce n'est pas le seul mais il offre des avantages non négligeables, comme l'effet de levier. En matière d'immobilier, la clé de la réussite est très simple : vous devez acheter en dessous du prix du marché un bien qui a de fortes chances d'être loué rapidement et sur lequel vous pouvez générer un cash-flow positif. Vous répétez cette opération quatre à cinq fois et vous êtes libre financièrement. Si vous investissez judicieusement dans l'immobilier, vous pourrez sécuriser votre liberté financière, vivez la vie que vous choisissez de vivre, pas celle qui vous est imposée. L'immobilier peut aussi vous permettre de profiter de l'effet boule de neige. Ce n'est pas facile de commencer et y réussir si vous n'avez pas les bonnes informations, mais une fois que vous connaissez le processus, les choses se produiront naturellement.

Devenir rentier immobilier est le rêve de nombreuses personnes. Dans ce livre, nous vous donnerons l'ensemble des ressources nécessaires pour devenir un rentier en immobilier.

Table des matières

MON HISTOIRE

En tant qu'Ibrahim Combo, rentier immobilier et libre financièrement, je suis fier de présenter mon livre qui relate mon parcours exceptionnel.

Il y a quelques années, j'étais employé dans le secteur de la logistique, travaillant dur pour un salaire insatisfaisant. J'étais coincé dans le schéma de vie conventionnel : métro, boulot, dodo. Cependant, j'ai réalisé que je pouvais sortir de ce système salarial en devenant financièrement indépendant. C'est ainsi que je me suis intéressé à l'investissement immobilier.

Au début, je n'avais aucune expérience et je n'avais personne dans mon entourage qui était rentier. J'ai donc décidé de me former en regardant des vidéos sur YouTube, mais malheureusement, ces informations étaient souvent incomplètes. J'ai alors décidé de suivre une formation sérieuse sur l'investissement immobilier.

Après avoir appris les bases de l'investissement immobilier, j'ai commencé à visiter des biens sans pour autant acheter. Six mois plus tard, j'ai eu un coup de cœur pour un bien de 74m2, qui était très intéressant. J'ai alors commencé le processus d'achat, qui a pris 6 mois, mais j'ai finalement réussi à acquérir mon premier bien immobilier, un logement de type 3 que j'ai mis en colocation pour un loyer de 800 euros. Grâce à des techniques précises, j'ai pu le louer rapidement.

Depuis cette acquisition, j'ai continué à investir dans l'immobilier et à apprendre de nouvelles astuces pour maximiser mes profits. Cela m'a permis de quitter mon emploi salarié et de me consacrer entièrement à mes investissements immobiliers, ce qui a radicalement changé ma vie. Je suis fier de mon parcours et de ma décision de sortir de ma zone de confort pour créer ma propre voie vers la liberté financière.

Après avoir réussi à acheter mon premier bien immobilier, j'ai ressenti une satisfaction et une fierté personnelles incroyables. C'était comme si une nouvelle version de moi-même venait de naître. À partir de ce moment-là, je me suis fixé l'objectif ambitieux de devenir rentier immobilier, c'est-à-dire de vivre grâce à mes investissements immobiliers.

Au fil du temps, j'ai multiplié mes opérations et j'ai développé une certaine expertise dans le domaine. L'année suivante, j'ai réussi à concrétiser mon rêve de devenir financièrement indépendant en devenant rentier immobilier. C'est incroyable de penser que cela m'a pris seulement quatre ans pour passer de salarié en logistique à rentier immobilier.

J'ai compris que pour accroître rapidement ma fortune, je devais investir dans des immeubles. En effet, l'achat d'un immeuble peut générer des cash-flows importants très rapidement. J'ai donc commencé à m'intéresser de plus près à cette option d'investissement et j'ai appris comment trouver des immeubles rentables.

Aujourd'hui, je suis fier de mon parcours et je suis reconnaissant pour les opportunités que j'ai eues. L'immobilier m'a permis de réaliser mes rêves et de vivre la vie que je souhaitais. Je suis heureux de pouvoir partager mon expérience avec d'autres personnes et de les aider à réaliser leurs objectifs financiers grâce à l'investissement immobilier.

En tant que rentier immobilier, j'ai créé un blog où je partage mes connaissances et mes expériences en matière d'investissement immobilier. Ma raison d'être est d'accompagner les personnes qui souhaitent investir et de les aider à réaliser leur rêve d'indépendance financière. Pour moi, c'est une mission de vie.

Je crois que l'investissement immobilier est l'une des meilleures options pour assurer sa sécurité financière à long terme. Bien sûr, cela comporte des risques et le revenu passif complet n'existe pas. Cependant, avec une stratégie solide et une gestion appropriée, on peut s'en approcher au maximum.

L'investissement locatif est, à mon avis, une voie lente mais sûre pour obtenir une indépendance financière et s'assurer une sécurité sur le long terme. En effet, cela permet de sécuriser son capital, de se créer un patrimoine et de dégager un revenu confortable.

Je suis convaincu que tout le monde peut devenir un investisseur immobilier prospère, à condition de bien comprendre les règles du jeu et de suivre une formation appropriée. C'est pourquoi j'ai créé ce blog pour partager mes connaissances et mes conseils avec les personnes désireuses d'apprendre et d'investir dans l'immobilier.

En somme, ma vision est d'aider les gens à prendre leur vie financière en main, de leur permettre de réaliser leurs rêves et de vivre la vie qu'ils méritent.

PARTIE 1 : LE RENTIER IMMOBILIER

Chapitre 1 : Le rentier immobilier

Le rentier immobilier

L'activité du rentier immobilier consiste simplement à investir dans des biens immobiliers et à surveiller ces investissements. Le bien immobilier peut être une habitation (appartement ou maison), un immeuble collectif, un immeuble commercial, un magasin, un terrain ou même un terrain agricole. Le rentier immobilier signe avec un locataire ou un exploitant, un bail locatif ou une convention d'occupation un contrat qui définit les conditions d'occupation ou d'exploitation du terrain.

La rente immobilière

Appelée aussi "rente foncière", la rente immobilière est tout simplement le revenu que perçoit le propriétaire ou le détenteur d'un bien immobilier en contrepartie de son exploitation par un tiers. Il s'agit donc des revenus d'un bien immobilier. La rente immobilière est perçue périodiquement. Elle peut être versée quotidiennement, hebdomadairement, mensuellement ou être versée annuellement.

Les avantages d'être un rentier immobilier

L'immobilier est l'un des investissements préférés de plusieurs personnes pour maintenir leur réputation. Cette pratique vous assure un rendement intéressant, une pension adéquate et un engagement sur vos rentes à long terme. Comme avantage à devenir rentier immobilier, il faut savoir que :

- La rente immobilière est un excellent revenu passif lorsqu'elle est bien exploitée.
  Le propriétaire d'un bien immobilier a la liberté de vaquer à d'autres occupations sans se soucier. Cette aisance est encore plus évidente si le rentier confie sa gestion à une agence immobilière.
- Les fruits de l'investissement dans l'immobilier vous assurent un complément de revenus non négligeable. Selon le bien, les loyers perçus peuvent largement compléter les revenus d'un ménage, voire en être la composante principale. Le climat des affaires, le contexte économique et la valeur du bien sont, entre autres, les éléments qui entrent en ligne de compte dans l'estimation de la rente. Ainsi, un immeuble loué dans une zone commerciale très prisée sera excellent comme source de revenu complémentaire.
- La retraite est améliorée avec l'investissement dans l'immobilier. Un propriétaire qui est un travailleur à faible revenu dispose d'un actif plus

ou moins suffisant pour assurer ses années de retraite malgré le faible revenu qu'il tire de son travail.

- Investir dans l'immobilier, c'est aussi une façon parmi tant d'autres d'accroître son patrimoine immobilier. En effet, grâce à la rente foncière, le propriétaire a la possibilité d'acquérir d'autres biens immobiliers ou d'améliorer l'attractivité de ce qu'il possède comme bien. Il augmente alors la valeur de la rente.

Les erreurs à éviter en tant que rentier immobilier

Pour maximiser la rentabilité d'un investissement immobilier, il est important d'éviter, entre autres :

- Se lancer sans une préparation au préalable

L'immobilier peut être une importante source de revenus, mais dans tous les cas, ne pas planifier, c'est prévoir d'échouer. Le futur rentier immobilier s'apprête à entrer dans un domaine où il va interagir avec plusieurs personnes, dont chacune joue un rôle important dans ses activités. Il doit donc apprendre à mieux comprendre tout ce qui touche à l'immobilier : du pouvoir d'achat des locataires potentiels, aux détails fiscaux.

- De faire le choix de l'emplacement du futur bien en fonction uniquement de ses préférences

Si vous souhaitez investir dans un bien locatif, vous devez choisir avec soin l'emplacement de votre bien. Assurez-vous que la zone ou même la ville dans laquelle vous investissez a une bonne dynamique économique à long terme. Vous devez vous poser de réelles questions comme celles-ci : Est-il possible d'établir de nouvelles zones d'emploi dans la région ? Existe-t-il des projets de construction d'infrastructures dans la région ?

- Fixer une rente trop coûteuse

Il est normal que le rentier immobilier cherche à agrandir son bien afin d'augmenter le loyer. Mais attention à ne pas être trop gourmand et avoir l'effet inverse. Si vous demandez des loyers beaucoup plus élevés que ceux proposés par des concurrents de propriétés similaires, vous risquez de perdre des clients. Un taux élevé de vacances locatives ne serait pas du tout à votre honneur.

- Banaliser l'entretien de votre patrimoine immobilier

Il serait illusoire pour le rentier immobilier de chercher à faire des économies en évitant de dépenser de l'argent pour l'entretien de son bien. Vous devez à tout prix veiller à effectuer les réparations nécessaires. L'attrait permanent de votre bien justifiera la valeur de la rente que vous percevrez.

- Penser que vous serez riche immédiatement :

L'investissement immobilier donne tout son sens au mot "investissement" car vous n'en tirerez réellement profit que sur le long terme. Il vous faudra plus que des idées pour profiter de la rente immobilière. Vous devrez faire preuve de patience et de persévérance pour récolter les fruits de vos efforts.

N'oubliez pas que l'investissement immobilier est un projet à long terme et tenez-en compte dès le départ. Il est toujours plus sûr de faire appel à des spécialistes.

Avec combien de temps pour vivre de ses rentes ?

A partir de quel montant une personne peut-elle se considérer comme bénéficiaire d'une rente ? Combien de temps faut-il ? Malheureusement, il est impossible de répondre précisément à cette question. Tout dépendra de votre profil d'investisseur, de votre situation financière, de votre expérience, des objectifs que vous vous fixez... il n'y a pas exactement le même profil d'investisseur !

Cependant, considérez qu'être rentier est un travail de longue haleine et que la première fois ne vous donnera pas nécessairement ce à quoi vous vous attendiez au départ. Mais la vraie question que vous devez vous poser est : quel est votre objectif ? C'est à partir de celles-ci, entre autres, que vous pouvez déjà construire une estimation préliminaire de votre plan d'investissement. Par exemple, si votre objectif est de fournir un revenu passif à la retraite, la plupart des professionnels recommanderont d'investir dans des produits financiers à long terme tels que l'assurance-vie ou l'immobilier.

A moins de détenir déjà un capital très important et de l'investir dans un produit financier à rendement très élevé, 20 ans est une moyenne satisfaisante, le temps de rembourser l'emprunt et de générer des rendements locatifs attractifs.

Sinon, 50 ans est une cible intéressante pour être bénéficiaire d'une rente. En fait, comme nous l'avons vu, il faut le faire des années à l'avance. Si on met 20 ans en moyenne, pour être assureur de rentes à 50 ans, il faut commencer à investir à 30 ans. Et à cet âge, on bénéficie généralement d'un environnement professionnel stable, on achète une maison, et le reste peut être investi dans la préparation de la retraite. Alors combien de temps ? En moyenne, votre pension dure au moins 20 ans : plus votre capital de départ est important, plus vous pouvez baisser cette moyenne, et plus votre capital de départ est faible, plus vous avez besoin de l'augmenter.

Combien d'argent faut-il pour devenir rentier ?

Pour que votre projet soit une grande réussite et que vous puissiez vous enrichir à long terme, vous devrez mettre en commun de nombreuses ressources. Le prix du capital nécessaire dépend notamment de plusieurs facteurs. Alors, à la question de savoir le capital minimum il faut garder à l'esprit que l'investissement dans l'immobilier ne nécessite pas de capital initial. Toute personne souhaitant s'inscrire peut emprunter auprès de la banque pour financer son projet.

Pour évaluer votre future rente, certains facteurs doivent être pris en compte, notamment *le montant initialement investi, le rendement du loyer, les impôts sur le revenu et les charges*. Le montant à investir dépend donc du prix de ces facteurs. De plus, la vitesse à laquelle vous atteignez la rente immobilière dépend en grande partie de vos dépenses.

Comment rentrer dans le rang des rentiers de l'immobilier ?

Si votre objectif est de vivre de la location immobilière, vous devrez acheter plusieurs appartements et les louer pour générer des revenus locatifs. Louer un bien immobilier peut être lucratif, mais attention : dénicher des perles rares et trouver des biens à bas prix d'acquisition n'est pas chose aisée. L'idéal est de trouver des propriétés qui sont 15% voire 20% en dessous de la valeur marchande pour générer des cash-flows intéressants. Vous comprenez que ce n'est pas facile !

Une autre façon de générer des revenus importants en louant un bien immobilier est d'acheter un appartement à petit prix à rénover, puis de le diviser en plusieurs appartements ou d'ajouter une chambre pour décupler votre rendement locatif.

Chapitre 2 : Quelles sont les attitudes des rentiers immobiliers ?

La patience est votre meilleure amie

Au début, vous devez vous préparer au marché immobilier. Un monsieur a dit qu'il est important de connaître son marché, d'économiser avant de faire son premier investissement.

Cette phase de préparation est fondamentale car elle fera la différence. Au début, vous devez étudier des milliers de petites annonces, visiter des centaines de propriétés car cela vous aidera à mieux comprendre votre marché. Il est important de devenir un expert et de connaître le marché immobilier ciblé à portée de main. Une fois que vous maîtrisez tous les concepts clés de l'immobilier, vous pouvez démarrer vos premières entreprises.

Avec le temps et l'expérience, vous devenez tout simplement un expert. Vous ne devriez pas essayer pour sauter les étapes et suivez simplement le processus de A à Z.

Beaucoup pensent que l'immobilier est nécessairement un atout, c'est faux, un mauvais investissement peut aussi être un handicap. Trouver de bonnes opportunités d'investissement est une question de chiffres en matière d'immobilier. En étudiant les métiers, vous serez en mesure de faire la différence entre une bonne et une mauvaise, ce qui vous donnera un avantage considérable face à une bonne affaire.

L'investisseur inexpérimenté ne sait peut-être pas que c'est une bonne affaire, mais puisque vous avez fait votre travail, vu beaucoup de propriétés, vous savez automatiquement que c'est une bonne affaire. Spécialisé dans les marchés boursiers et financiers, il existe de nombreuses similitudes entre l'immobilier et le trading. Il faut beaucoup s'entraîner, il faut travailler sa psychologie et il faut profiter des opportunités quand et les pauses limitent les opportunités Ce n'est pas bon.

Même avec l'immobilier, les opportunités d'investissement sont cycliques, ce qui signifie qu'à environ fois, vous avez de nombreuses opportunités et moins à d'autres.

Lorsque les marchés sont extrêmement haussiers, les acheteurs sont très présents et il est difficile de négocier le prix à la baisse. En revanche, lorsque les marchés baissent, c'est un bon moment pour trader car très peu de gens sont prêts à acheter, vous êtes donc en position de force.

Par conséquent, il faut avoir beaucoup de patience en matière d'immobilier, il vaut mieux rater une bonne opportunité que d'en acheter une mauvaise.

Beaucoup de gens cherchent désespérément une bonne opportunité et sautent à la première opportunité qui se présente, c'est une grosse erreur.

Au risque de me répéter, la patience est la clé de l'investissement. Contrairement à la croyance populaire, l'immobilier n'est pas une solution facile à gagner de l'argent, ce qui peut être une solution très intéressante pour quiconque cherche à construire une fortune solide à long terme en partant de zéro au Succès dans l'immobilier

Comme dans tout autre domaine, vous devez avoir un plan à long terme et une stratégie. Des milliers d'investisseurs sont devenus millionnaires grâce à l'immobilier avec des stratégies très simples. Il existe de nombreuses histoires de réussite immobilière. En ce qui concerne la liberté financière en général et l'immobilier en particulier, la caractéristique commune des personnes qui réussissent est leur volonté de changer leur vie, leur situation.

Toute bonne stratégie d'investissement doit être diversifiée. Se concentrer exclusivement sur les propriétés peut être dangereux, d'autant plus que les prix actuels de la sont assez élevés. Il ne faut pas oublier les crises immobilières qui ont causé des drames aux États-Unis, en Espagne ou à Dubaï, donc doit avoir une stratégie globale pour en tirer profit.

Comme le marché boursier, les résultats obtenus au cours des premières années ne seront pas spectaculaires, mais ils seront cruciaux pour votre liberté financière. Finalement tous vos efforts seront récompensés et vos résultats monteront en flèche.

Les principes sûrs qui ne changent

Une chose est sûre, la grande majorité des millionnaires se sont appuyés sur les principes suivants pour construire leur patrimoine :

- Achète toujours en dessous du prix du marché en négociant et en trouvant de bonnes opportunités ;
- Générer des flux de trésorerie positifs. Votre investissement ne doit jamais être déficitaire. Vos rentrées de trésorerie doivent être supérieures à vos sorties de trésorerie ;
- Augmenter la rentabilité locative par divers moyens tels que logement, mise en scène, travaux, locations saisonnières, etc.
- Une fois les premières étapes assimilées, réitérer l'opération jusqu'à ce qu'atteigne la liberté financière absolue ;
- Avoir une équipe de rêve.

Fixer des objectifs

Avant d'investir dans l'immobilier, il faut se fixer des objectifs, par exemple :

- Gagne un revenu de 2 000 € par mois,
- Gagne 5 000 € par mois ;
- Quitter votre emploi ;
- Vivre au soleil.

Dans l'immobilier, comme dans tout autre domaine, il faut être ambitieux. La différence entre 100 000 $ et 1 000 000 $ n'est que de 0. Votre principale obsession sera de générer des flux de trésorerie positifs.

Dans le secteur de l'immobilier, les débuts sont généralement difficiles, mais plus tard, cela devient beaucoup plus facile une fois que vous avez compris comment cela fonctionne et que vous avez développé les automatismes appropriés.

Avant même de penser à faire de l'immobilier, vous devez établir vos objectifs : pourquoi voulez-vous faire de l'immobilier, et cette activité correspond-elle à votre personnalité ?

Comme nous l'avons vu, l'immobilier est une approche puissante pour devenir financièrement libre. D'où la pertinence de cette question : Quel est le capital nécessaire pour être libre financièrement ?

Il est tout à fait possible de développer un plus grand héritage plus tard si vous le désirez, mais c'est un excellent objectif pour les débutants.

Chapitre 3 : Peut-on devenir rentier avec une assurance vie ?

Pour devenir rentier avec une assurance vie, vous devez vous constituer un capital en versant des sommes ponctuelles. Ce capital est investi sur deux types de supports parmi lesquels vous pouvez choisir : les fonds en euros et les unités de compte. C'est votre assureur ou votre conseiller bancaire qui pourra vous conseiller au mieux sur la part de la répartition entre fonds en euros et en unités de compte.

Fonds en euros

Géré par l'assureur, le capital investi dans un fonds en euros est garanti, il est investi année après année sans risque mais avec une rémunération moindre, principalement en obligations d'Etat européennes ou en immobilier pour les fonds plus dynamiques.

Unités de compte

Sensiblement plus dynamiques que les fonds en euros, les unités de compte comportent un risque de perte en capital contrairement aux précédents. A long terme, ils offrent cependant un rendement bien plus élevé. Pour optimiser votre placement d'assurance-vie, investissez une partie en fonds en euros pour protéger votre investissement et une partie en unités de compte pour maximiser votre rendement.

Chapitre 4 : Les biens dans lesquels il faut investir

Comme vous le savez, vous devrez donc acheter pour louer. Mais dans quel type de propriété devriez-vous investir ?

Investir dans le neuf

En achetant une copropriété neuve, vous pouvez bénéficier du régime de défiscalisation immobilière dans certaines circonstances et sous certaines conditions. Prenons par exemple la loi Pinel, qui permet de récupérer jusqu'à 21% de ses revenus sur une période de 12 ans, ou le statut de loueur de mobilier non professionnel (LMNP), qui permet de récupérer la TVA à un taux de 20 %.

Investir dans des maisons anciennes

Investir dans un condo ou une vieille maison n'est jamais ennuyeux. Selon l'état de la maison, vous pouvez négocier un prix d'acquisition inférieur. Grâce à l'enveloppe de travail incluse dans votre prêt hypothécaire, vous pouvez rénover le bien et générer des plus-values intéressantes en le revalorisant pour le revendre ou le louer. Parfois, il est même possible de réaménager entièrement un bien en le divisant en logements multiples, multipliant par deux ou trois votre rendement locatif !

Investir dans le stationnement

Les parkings à hauts rendements locatifs sont un levier intéressant pour être locataire immobilier. Le rendement moyen d'un parking est d'environ 7,85 %, et il peut atteindre 12 % dans le meilleur des cas ! Le coût d'acquisition étant relativement faible (environ entre 5 000 et 20 000 euros), il ne nécessite pas un capital de départ important. Il faudra cependant multiplier par l'achat d'un garage pour générer des revenus locatifs comparables à celui d'un appartement.

Chapitre 5 : Investir dans l'immobilier sans argent

Un facteur décourageant pour beaucoup de personnes qui veulent investir dans l'immobilier et devenir rentier est certainement le manque de fonds, mais il ne faut pas abandonner le projet de devenir rentier. Cette ténacité peut vous mener loin même si vous partez de zéro. Bien sûr, la ténacité n'est pas le seul ingrédient nécessaire dans un secteur aussi complexe que celui de l'immobilier, composé de règles très claires à suivre pour ne pas tomber dans des affaires non rentables ! Alors comment investir dans l'immobilier et devenir rentier immobilier à partir de rien ?

Voici nos conseils.

Pour acheter un bien immobilier sans argent, ou presque, il y a plusieurs façons de procéder, et certainement l'une n'empêche pas l'autre :

1. Apprenez des experts

Si vous n'avez ni pouvoir économique ni compétences de votre côté, consacrez-vous vos ressources et votre énergie pour apprendre le métier. Demandez aux investisseurs immobiliers de votre ville de travailler avec eux, même gratuitement au début. Les conseils donnés porteront leurs fruits rapidement. Les compétences sont essentielles au succès de toute transaction immobilière. Si vous arrivez à les absorber au mieux, vous saurez où et comment devenir un super rentier immobilier.

2. Utilisez toutes les options qui s'offrent à vous

Si vous souhaitez vendre une propriété, vous pouvez essayer de la vendre telle quelle. Avec cette technique d'investissement, vous ne pouvez pas agir pour acheter le bien en cédant provisoirement le contrat à un tiers, qui devient l'acheteur du vendeur initial.

De cette façon, vous pouvez acheter un bien immobilier avec peu ou pas d'argent, afin de réaliser un profit, il est important que la propriété reflète certaines caractéristiques et puisse être revendue à un prix plus élevé, en tout cas une technique est maintenue qui est conservée pas toujours vrai, au contraire !Il est assez fréquent que les vendeurs se méfient de cette clause et à mon avis ce n'est pas une technique pour un débutant dans le monde de l'investissement immobilier avec laquelle improviser.

3. Utilisez l'effet de levier

Une fois que vous avez trouvé une petite somme d'argent, l'étape suivante consiste à contacter les banques pour tirer le meilleur parti de l'effet de levier sans utiliser votre argent (ou au moins une partie de celui-ci). En utilisant l'effet de levier, vous pouvez emprunter de l'argent à des tiers (par exemple des banques) pour plus d'argent que vous ne possédez, bénéficiant d'un rendement potentiel supérieur à celui d'un investissement direct.

Prenons un exemple : vous devez acheter un bien à 100 000 €, vous investissez 20 000 € et demandez 80 000 € à la banque, puis avec vos 20 000 € vous pouvez acheter un bien à 100 000 €. Puis ajoutez encore 20 000 € d'autres dépenses (frais d'agence, frais de notaire, travaux éventuels, etc.) que, si vous ne les avez pas, vous pouvez toujours les faire financer par la banque.

Ou la même procédure, mais au final vous gardez le bien et le louez en le louant à des étudiants pour 1 000 € par mois : ainsi votre prêt est payé par les locataires et vous gardez une belle part du si -dite retraite automatique. Sans compter que tôt ou tard le prêt sera remboursé et les loyers continueront de baisser.

Chapitre 6 : Les arnaques dans l'immobilier

Ici vous découvrirez les arnaques qui se font dans l'immobilier et comment les éviter les arnaques. Si tu t'apprêtes à acheter, alors fais attention à ce qui est dit ici. Dans ce domaine, il y a des agents immobiliers arnaqueurs qui vous diront tout et n'importe quoi pour vous vendre leur bien et surtout des agents qui pensent mieux connaître que vous votre recherche. Ils voudront vous faire visiter des biens en particulier, vous montrer leurs meilleurs biens, ceux qui sont recherchés, demandés et qui ont une forte rentabilité alors attention. Il y a de très bons agents immobiliers par contre vous en avez qui parfois se foutent de la gueule du monde.

La première chose à faire est de toujours effectuer vos calculs de rentabilité. A part ça, lorsqu'on vous dit que le bien est loué à un tel prix de loyer, demandez toujours les justificatifs. Demandez toutes les preuves à chaque fois que quelqu'un, que ce soit un agent ou un vendeur, vous donne une information importante.

Aussi, surtout pour les acheteurs d'immeubles de rapport faites vos visites avec un professionnel du bâtiment. Lorsque vous achetez un immeuble de rapport vous n'achetez pas n'importe quoi, ce n'est pas un appartement mais vous achetez un énorme risque qui peut soit être extrêmement rentable soit être catastrophique. Il ne faut jamais s'y rendre seul, allez-y toujours avec un artisan et il faut savoir que le premier devis avec un artisan est gratuit parce que la chose compliquée avec les immeubles c'est que vous ne pourrez pas tout voir à l'œil nu. Il faut éviter tout ce qui est dispositif, Duflo Pinel, toutes ces économies d'impôts clairement parce que ces dispositifs vous permettent d'avoir une économie d'impôt lorsque vous achetez dans le neuf. Alors que ce qui doit nous intéresser, c'est le logement ancien parce que vous avez des travaux, donc beaucoup à défiscaliser et puis en général vous avez une belle marge de négociation alors que dans le neuf il est impossible de négocier un bien. C'est la raison pour laquelle le neuf ne nous intéresse pas et même si on vient soustraire l'économie d'impôt que l'état peut nous proposer et bien c'est toujours moins intéressant.

Par ailleurs, il y a des problèmes extérieurs cachés. Par exemple lorsque vous allez visiter votre bien il sera certainement 14 heures de l'après-midi, il n'y aura aucun bruit que ce soit à l'extérieur de l'immeuble ou dans l'immeuble. Lorsque vous êtes sur une copropriété qui est familiale, un immeuble qui est familier, n'hésitez pas à repartir visiter votre bien le soir à partir de 20 heures quand la famille et les gosses sont en haut, ça vous permettra de savoir si c'est bruyant, si les nuisances sonores sont beaucoup trop élevées parce que sachez que ce détail peut aussi gravement impacter votre investissement et ça marche aussi si vous souhaitez déménager à titre personnel.

Et dans le même esprit aussi vous avez parfois des propriétaires qui créent de faux beaux pour vous faire miroiter l'entrée de potentiels locataires pour votre location, ne les croyez pas. Tant que le locataire n'a pas posé ses bagages et n'est pas posée sur son lit, ne le croyez pas.

Chapitre 7 : Les différentes étapes à suivre pour devenir rentier immobilier

Prenez le crédit et utilisez l'effet de levier

Pour devenir rentier immobilier, vous devez contracter un emprunt auprès d'une banque. En effet, pour acheter plusieurs appartements, il faut beaucoup de capital. À moins que vous ne soyez issu d'une famille aisée et que vous disposiez d'un capital de départ très important, vous devrez forcément emprunter cet argent à la banque.

Combien faudra-il prendre ? Ceci dépend pour la plupart du temps de l'emplacement et du standard que vous souhaitez commander. Pourtant la cagnotte totale se comptera de centaines pour milliers d'euros : pas loin d'un million d'euros finalement, si l'on devait établir une moyenne. Bien sûr, vous n'imaginez pas demander à votre banquier d'un seul coup un million d'euros. C'est pour ça il est inacceptable de devenir rentier en 3 ou 4 ans. Vous emprunterez par niveau de 100 000 euros dans 10 ans, ce qui est acceptable à vous et votre banque. Et avec le temps, vous lissez votre investissement.

Notez également une chose importante. Avec une hypothèque, vous bénéficiez d'un effet de levier. Lors de l'achat d'un bien immobilier à prix cassé, le loyer payé par le locataire lui rembourse ses mensualités. Puisque votre bien s'autofinance et vous libère au mieux des bénéfices, les mensualités de votre emprunt doivent être inférieures au loyer, et l'exercice n'est pas aussi simple qu'il n'y paraît. Il faut trouver les perles rares à des prix inférieurs au marché ! L'accompagnement au lancement est souvent indispensable.

Le Cash-flow

Pour atteindre le statut de rentier, il faut prendre en compte le cash-flow, dès le premier investissement locatif. Le cash-flow est la différence entre les loyers et les frais liés à votre investissement (assurance, impôts et taxes, apport et hypothèque, mensualité d'emprunt, frais divers, travaux...). Voici ce qu'il vous reste à la fin du mois sur votre loyer après avoir payé vos charges.

Pour simplifier : **Cash-flow = revenus locatifs - dépenses**.

Pour prévoir la rentabilité de votre investissement locatif, cette différence doit être positive ou égale à zéro. Cela signifie que votre bien immobilier vous rapporte de l'argent chaque mois. Plus le cash-flow est élevé, plus votre rente sera élevée pour l'année à venir.

Comment dégager un cash-flow positif

L'idéal est d'acheter un bien en dessous du prix du marché. Ce sera difficile car cela demande beaucoup de recherche, de prise de risques, etc. Soyez patient avant de trouver la bonne affaire, mais il faut aussi être rapide car les Opportunités disparaissent très rapidement.

La force majeure est souvent la source des meilleures opportunités. Il peut s'agir d'un déménagement forcé à l'étranger pour un travail, un mariage ou un divorce, une situation financière dégradée avec un besoin de récupérer de l'argent rapidement, un décès, etc.

Ensuite, vous devez faire preuve de créativité et évaluer la valeur de votre propriété augmenter. Idéalement, vous achetez les biens qui ont des problèmes et travaux donc, qui pour certains sont déductibles des impôts. Vous pouvez rapidement louer votre propriété.

Enfin, un autre point sur lequel vous pouvez jouer pour augmenter la rentabilité de votre bien et ainsi générer une trésorerie positive est de pratiquer la colocation ou la location saisonnière et vous bénéficierez d'avantages fiscaux et d'un cash-flow positif.

Les différentes étapes à suivre pour devenir rentier immobilier

La discussion avec les investisseurs confirme qu'il y a de nombreuses étapes à suivre pour exercer la profession de rentier immobilier. Les voici :

1- Fixer un objectif

La première étape consiste à se fixer des objectifs. Les personnes qui veulent devenir rentiers doivent se fixer un objectif précis afin de pouvoir gagner le revenu requis. Ces objectifs permettent également de déterminer le montant à investir pour être pleinement rentable.

Pour ce faire, l'idéal est d'adopter une stratégie pour se démarquer de ses concurrents. Notez que ce processus se fait année après année, et après quelques années, la valeur de votre appartement augmentera de plus en plus.

2- Rechercher des biens immobiliers rentables

En effet, ce n'est pas un seul bien immobilier qui vous rendra riche. Il faut multiplier les opérations et sélectionner celles qui sont rentables.

Le premier levier est de rechercher vos futurs locataires. Ce sont eux qui assureront le paiement de votre loyer ainsi que l'entretien de votre logement. Un investissement bien géré vous permettra d'avoir un revenu positif, voire une bonne rentabilité et donc une bonne réputation.

La deuxième règle est de bien choisir son bien immobilier. La réforme est également une stratégie très puissante pour acquérir rapidement un patrimoine immobilier. Plus votre bien est équipé et remis à neuf, plus son prix augmente. Une autre solution consiste à investir dans un immeuble.

Ce dernier vous permet de gagner plusieurs lots, et donc de gagner plusieurs sources de revenus avec un prix très élevé. Un moyen efficace de sécuriser votre investissement locatif est de générer des loyers supplémentaires.

PARTIE 2 : LA STRATEGIE D'INVESTISSEMENT

Chapitre 1 : Les meilleures stratégies immobilières

Il y a plusieurs manières de gagner de l'argent dans l'immobilier, mais on va ici évoquer les trois stratégies le plus souvent utilisées :

Achat conservation : vous conservez votre bien le plus longtemps possible ;

Achat à moyen terme : vous gardez le bien jusqu'à ce que le marché reprenne le chemin de la hausse ;

Flip : vous achetez et vous revendez aussi vite que possible.

LA VERITE QUE VOUS DEVEZ SAVOIR

Lorsqu'on débute en immobilier ou même lorsqu'on continue à enchaîner les investissements immobiliers, il est primordial d'utiliser des stratégies immobilières efficaces. Beaucoup de personnes, à l'heure actuelle, pensent que c'est simple de faire des investissements locatifs et qu'il n'y a pas besoin de réfléchir tant que ça.

D'autres au contraire, pense que comprendre les stratégies immobilières est beaucoup trop difficile et réservé à une « certaine élite » sortie de « je ne sais où ».

Alors voici ce que vous devez faire :

1. Boostez votre négociation : 1ère stratégie immobilière

La négociation est une des stratégies immobilières au centre du système en ce qui concerne les investissements locatifs meublés.

A elle toute seule, elle permet de réaliser de vrais investissements rentables qui vont permettre de dégager de beau cash-flow. Elle intervient bien avant le fait d'apporter de la valeur et intervient à différents moments en immobilier.

1.1. Quoi négocier ?

Les points de négociation sont multiples, je vais les évoquer sans entrer dans les détails puisque vous trouverez tous les éléments dans l'article dont je vous ai parlé juste au-dessus. Je vais quand même énumérer pour rappel les différents points négociables en immobilier.

1.1.1. Avec le vendeur

Négocier avec le vendeur veut aussi dire négocier avec un agent immobilier si vous êtes passé par une agence immobilière.

Ce point est très important car il sera beaucoup plus facile de travailler avec cet intermédiaire si vous n'êtes pas habitué à travailler en direct avec une personne.

Certes, il peut être difficile de vérifier les propos d'un agent immobilier. Il faut comprendre qu'il connait très bien ses vendeurs et l'agent est souvent en mesure d'adapter son discours.

Travailler avec des agents est aussi une stratégie en immobilier qui a son importance et notamment lors de la négociation de départ.

Les caractéristiques du vendeur vont être essentielles pour entamer votre négociation. Vous devrez connaître rapidement sa situation, son état psychologique pour savoir jusqu'où vous pourrez aller.

Il est aisé de comprendre qu'une personne qui vend un bien immobilier suite à une succession par exemple sera peut-être pressée de se « débarrasser » du bien pour ne pas s'embêter.

Ce n'est qu'un exemple parmi des dizaines. Quoi qu'il en soit essayé toujours de comprendre la situation du vendeur que vous soyez en train de faire affaire directement avec lui ou par l'intermédiaire d'un agent immobilier.

Vous devrez déterminer depuis combien de temps le bien est en vente, pourquoi il est en vente et par conséquence voir jusqu'où vous pouvez négocier.

1.1.2. Les frais d'agence

Ces frais sont toujours négociables lorsque vous travaillez avec un agent immobilier. Cependant, n'oubliez jamais que c'est peut-être grâce à cet agent que vous êtes en train d'économiser des dizaines de milliers d'euros.

Peut-être même qu'au fur et à mesure de vos investissements cette même personne va vous faire gagner des centaines de milliers d'euros...

Il vous faudra donc toujours vous demander si c'est une bonne stratégie immobilière que de gagner 2 000 euros sur une négociation avec un agent alors que celui-ci va peut-être devenir un vrai partenaire dans votre route de rentier immobilier.

Quoi qu'il en soit, les frais d'agence sont tout à fait négociables.

1.1.3. Négocier avec la banque

Sans la banque, il est évidemment très difficile de faire un emprunt immobilier. Sur ce point, je pense que nous sommes tous d'accord. Sachez cependant qu'il est tout à fait possible de demander des choses importantes au banquier pour que votre investissement locatif soit rentable et se déroule en toute sérénité.

Le banquier deviendra peut-être un vrai partenaire, ne négociez donc pas sans réfléchir à vos demandes. N'oubliez-pas les meilleurs rapports sont ceux qui sont gagnants-gagnants, le banquier aussi doit y gagner quelque chose.

Avec le banquier vous pouvez tenter de négocier plusieurs points :

- Les frais de dossiers
- La somme à apporter au départ
- Le taux des intérêts
- Frais de remboursements anticipés
- L'assurance emprunteur

1.1.4. Négocier les frais de notaire

Il existe différents moyens de négocier les frais de notaire. Il existe la possibilité de payer moins de frais en ce qui concerne la partie « propre » au notaire. Vous pouvez également utiliser certaines stratégies qui permettent de diminuer le prix de départ de manière à diminuer les frais notariés.

1-1-5 Un exemple de négociation avec un notaire

Je vous donne un exemple pour illustrer que la négociation peut et doit avoir une importance capitale. Je veux vous montrer qu'elle détermine à elle seule la possibilité de passer d'une affaire quelconque à une bonne affaire ou même à une excellente affaire.

Dernièrement, je voulais absolument obtenir 2 appartements car ils sont placés à un endroit très spécifique. Ils sont juste au-dessus ma résidence principale du moment (c'est-à-dire chez ma conjointe).

Le fait de devenir propriétaire de ces 2 appartements changerait absolument tout.

Vous devez comprendre que le propriétaire était en situation délicate mais que la négociation ne l'a pas « enfoncé » davantage puisque l'argent ne sert de toute manière qu'à rembourser une partie des dettes.

Après 3h30 de rendez-vous avec le notaire, nous avons réussi à nous mettre d'accord : j'aurai les 2 appartements « en l'état » pour 32 500 euros... Au départ, on parlait de 75 000 ou 85 000 euros...

Vous devez être persuadé d'une chose : dans certaines situations (idéales pour nous investisseurs), les vendeurs ne savent pas eux-mêmes jusqu'à combien ils sont prêts à descendre le prix.

Les différents points de négociation sont donc de formidables stratégies immobilières.

1.2. Comment négocier ?

La négociation, vous l'avez compris à une importance capitale. Cependant, il faut bien comprendre qu'elle dépend non seulement de vous mais aussi de votre capacité à cerner un bon vendeur...

1.2.1. La négociation s'apprend

Vous devez connaître le marché immobilier de votre secteur pour entamer plus facilement des négociations d'appartements ou d'immeubles de rapport.

Montrez que vous respectez les biens des vendeurs tout en ne montrant pas forcément vos émotions positives. Le vendeur doit comprendre que vous reconnaissez le potentiel de son bien immobilier mais il doit aussi percevoir les travaux de rénovations qu'il reste à réaliser.

1.2.2. Déterminez le « type » de vendeur !

C'est ce que nous évoquions tout à l'heure. Vos questions serviront à déterminer à quel vendeur est en face de vous. Vous percevrez dans quelle situation psychologique il se trouve avec cet appartement, cette maison ou cet immeuble.

1.2.3. Evitez certaines erreurs

Essayez dans la mesure du possible de montrer ou prouver que votre offre est raisonnée et que vous ne faites pas n'importe quoi. Une des stratégies immobilières générales consiste à montrer, à prouver aux différents interlocuteurs que vous savez ce que vous faites.

Une étude américaine a montré que les gens sont beaucoup plus prêts à dire oui à une demande quand une raison est évoquée et ce quel que soit la raison. Cependant, je vous invite à être au clair sur vos justificatifs.

A mon sens, plus vous êtes précis et convaincants et plus vous aurez de chance d'être crédible.

Vous pouvez aussi laisser l'impression que vous faites-vous aussi un bel effort et que vous en attendez de même en face.

2. Pourquoi votre demande de prêt différé est une des stratégies immobilières importante ?

Je fais cette demande systématiquement !!! Je trouve qu'elle est très importante pour s'assurer une trésorerie utile pour la suite. C'est une mesure de prévention qui pourrait être obligatoire en immobilier. Je pense que c'est une des stratégies immobilières les plus importantes en termes de finances.

Le prêt différé est « facilement » accepté par la banque et permet vraiment de dormir sur ses 2 oreilles. Il assure une tranquillité lorsqu'il y a des imprévus et permet de se constituer une trésorerie s'il est fait « intelligemment ».

3. Présentez un vrai dossier à la banque !

Votre banquier comme tous vos autres partenaires doit comprendre ce que vous voulez faire comme type d'investissements locatif.

Peut-être que lui-même n'y connait strictement rien dans ce domaine mis à part l'aspect financier.

Il va donc devoir comprendre pour gérer les risques qu'il encourt...

Si vous n'êtes pas convaincants, il sera difficile de demander au banquier un prêt de plusieurs dizaines de milliers d'euros. Vous devez donc vous appuyer sur un dossier bien présenté, simple et très parlant. L'idée n'est pas de rédiger un mémoire mais bien de mettre en avant les aspects logiques et financiers de votre futur investissement locatif meublé.

Des indications sur le lieu, la fréquence de demande de location ainsi que vos estimations chiffrées seront donc nécessaires. Vous devrez être en mesure de présenter ceci oralement pour exposer votre maîtrise des sujets locations, cash flow et prudence.

4. Quel prêt demander et pour quelle durée ?

En investissement locatif, j'ai tendance à dire que la durée du prêt n'a pas d'importance. Ce que je veux dire c'est que contrairement à ce que disent les investisseurs d'une autre génération, ce n'est pas grave de rembourser un emprunt immobilier sur 15 ou 20 ans.

Oui, on remboursera plus d'argent si on considère la somme globale mais ce n'est pas nous au final qui finançons cette somme, ce sont bien les locataires.

L'intérêt d'étaler l'emprunt bancaire est de diminuer la somme à rembourser chaque mois et donc d'augmenter notre cash-flow.

C'est une stratégie immobilière qui est difficile à « digérer » pour certains investisseurs, mais de mon côté, je ne vois aucun intérêt à me mettre « le couteau sous la gorge » en remboursant un emprunt immobilier en 10 ans. Je considère que je dois avoir de la marge chaque mois pour investir en toute sérénité.

Il est vrai cependant que l'investissement sur 25 ans est un peu différent car on ne rembourse que très peu de capital au départ. Ceci peut s'avérer un peu gênant en cas de revente anticipée. Il sera alors plus difficile de faire une plus-value ou simplement une revente intéressante.

5. L'immobilier est une question de partenariat et de relationnel

Il faut accorder une très grande importance à ces points. Il est non seulement impossible d'avancer seul mais il est aussi impossible d'avancer en toute sérénité en immobilier si on est toujours en conflit.

Il faut prendre le temps de trouver de vrais partenaires avec qui travailler et ce dans tous les domaines de l'immobilier.

Ce point fait partie intégrante des stratégies immobilières à mettre en place progressivement.

Je ne suis pas en train de dire que ceci se fera du jour au lendemain. Vous allez essayer, vous allez être déçu par certains adultes professionnels. Mais au fur et à mesure, vous allez affiner votre choix et vous allez aussi progresser dans votre manière d'être.

C'est bien cette combinaison qui fera que vos relations vont changer. Vous verrez que même votre manière d'aborder les locataires va évoluer.

Vous pouvez me croire, si vous agissez en ce sens, votre manière de voir les investissements immobiliers va évoluer et vous agirez de plus en plus avec sérénité.

Les partenaires en immobilier et le relationnel en immobilier sont donc très importants pour avancer sur votre route de rentier serein.

6. Optimisez vos frais de notaire

Cette stratégie fait partie des stratégies immobilières secondaires à mon sens. Cela n'empêche qu'il peut être intéressant, une fois que vous aurez votre notaire attitré de voir certains points avec lui.

7. Stratégie d'achat d'appartement pour colocation étudiante

Lorsque l'on évoque l'investissement immobilier, l'acquisition d'un logement, maison ou appartement, est souvent la première solution envisagée. Ses avantages ? S'adapter au budget d'un grand nombre de ménages. En effet, la fourchette des prix de l'immobilier dans l'hexagone est particulièrement large. Vous pouvez opter pour l'acquisition :

- D'un studio, d'un appartement de plusieurs pièces, d'une maison ou d'une grande villa ;
- D'un logement neuf, en VEFA (Vente en l'Etat Futur d'Achèvement), ancien, avec ou sans travaux, etc.

Dans une colocation on trouve presque autant d'étudiants que de salariés. La réserve de colocataires potentiels est donc importante pour le propriétaire bailleur. Investir dans un appartement pour le meubler et le louer en collocation peut permettre un bon rendement. Mais attention, il y a des règles.

Investir dans un appartement en colocation, pour quel rendement ?

D'après le baromètre édité par le site LocService.fr, le loyer moyen d'une collocation s'élève à 442 €/mois en France. Bien entendu il existe de grandes variations selon les métropoles.

Par exemple, le loyer moyen d'une chambre en collocation s'établit à 542 € en Île-de-France. Mais si le colocataire choisit la province, la moyenne descend à

392 €. À Paris ce sera près du double, compter 715 € pour vous loger dans un même appartement avec d'autres personnes.

Des tarifs donc très abordable, car selon une autre étude de LocService.fr il faut compter 856 €/mois pour louer un studio à Paris. Alors, investir dans une collocation est-il rentable ?

Prenons l'exemple de la ville de Montpellier, cité universitaire par excellence, et prenons le loyer moyen d'une collocation en province soit 392 €/mois. Toujours d'après Loservice.fr, le loyer global moyen pour un studio se situe à 507 €/mois.

Pour attirer le colocataire, nous partons du principe que l'investisseur immobilier doit louer 30 % moins cher, soit 355 €/mois. Il peut au minimum acheter un appartement de 2 chambres, puis le louer à 2 personnes qui lui verseront chacune 355 €/mois, soit 8520 € de revenus locatifs annuels.

En consultant le baromètre des prix de l'immobilier LPI SeLoger, on voit que le prix moyen d'un appartement ancien à Montpellier est de 3502 €/m² (parution janvier 2022). Pour un T3 mesurant environ 60 m² le prix de vente pourrait être de 210 000 €, sans compter les frais de notaire et droits de mutation.

Pour ce prix, et sans compter l'apport personnel nécessaire, 8520 € de revenus locatifs annuels correspondent à un rendement locatif brut de 4,05 %

par an, avant impôts et charges sociales. Rien de bien extraordinaire à première vue, d'autant plus que l'investissement en loi Pinel peut permettre un meilleur score. Mais il ne s'agit que d'une moyenne, la viabilité de l'opération peut être meilleure ou moins bonne, tout dépend de la qualité du bien immobilier et de son emplacement.

Collocation : quel bien immobilier faut-il cibler ?

Un étudiant souhaitant habiter seul n'aura pas de problème à louer un studio vide et le meubler lui-même. En revanche une collocation doit être entièrement meublée et équipée, c'est ce qu'attendent les occupants. Pour avoir plus de chances de louer et pour louer mieux, la cuisine doit être équipée d'un four, d'un four à micro-ondes, d'un réfrigérateur suffisamment grand pour accueillir les denrées de tout le monde et d'un compartiment de congélation.

Il doit y avoir suffisamment d'ustensiles pour cuisiner et de la vaisselle pour que tous les occupants puissent prendre leurs repas. À cet effet l'investisseur achètera une table et des chaises, il n'oubliera pas les étagères de rangement, les luminaires et un aspirateur.

Les chambres doivent être équipées de volets et de rideaux, d'espace de rangement avec si possible un tiroir sécurisé fermant à clé. Le must : une literie avec une bonne couette bien douillette. Mais ce n'est pas tout, car les colocataires veulent être situés proches des transports, des bars et des zones animées. Ces emplacements sont les plus recherchés donc les plus chers, ce sont également là où les prix de l'immobilier ont le plus de chances de grimper. Investir dans une collocation permet donc de se placer en qualité d'offreur plutôt que de demandeurs, et pour ne rien gâcher la fiscalité est attrayante.

8. Diviser une maison en appartements

La division d'une grande maison en plusieurs appartements est souvent une bonne manière de rentabiliser un bien locatif, mais suppose quelques travaux. Quelles sont les démarches à suivre pour transformer une maison en immeuble de rapport ?

Diviser une maison en appartements : quelles autorisations nécessaires ?

La création de plusieurs appartements individuels au sein d'une maison est une procédure plutôt simple sur le plan administratif. Aucune autorisation n'est, en effet, nécessaire lorsque votre projet n'a pas pour effet de créer une surface habitable supplémentaire, ou lorsque la surface créée est inférieure à 5 m².

- Si la surface créée est comprise entre 5 et 20 m², vous devrez déposer une déclaration préalable de travaux en mairie.
- Si la surface créée est supérieure, il sera nécessaire de déposer une demande de permis de construire en mairie.

Il existe toutefois quelques exceptions, qui dépendent des dispositions du plan local d'urbanisme (PLU). Ce dernier, consultable en mairie, définit les différentes zones d'urbanisme au sein de la commune, ainsi que leur destination. Le PLU peut, notamment, s'opposer à la division d'un logement existant :

- Dans un secteur à l'habitat dégradé ;
- Dans toute autre zone urbaine ou à urbaniser qui impose, pour les programmes immobiliers neufs, une proportion minimale de grands logements.

Il est donc recommandé de consulter ce document avant tout lancement des travaux, voire de prendre rendez-vous avec les services de l'urbanisme.

Le recours à un architecte obligatoire pour les surfaces de plus de 150 m²

L'article R. 4312 du Code de l'urbanisme impose la consultation d'un architecte pour les travaux qui modifient la structure d'un immeuble dont la surface habitable est supérieure à 150 m². Dans tous les cas, il s'agit d'une précaution fortement recommandée si vous avez le projet de diviser une maison en plusieurs appartements.

Quelle surface minimale par logement ?

Les appartements créés dans la maison doivent respecter certaines des normes imposées aux logements neufs, concernant la surface habitable. Ainsi, l'article R. 111-2 du Code de la construction et de l'habitation vous impose notamment de prévoir, pour chaque appartement :

- Une surface minimale de 14 m² ;
- Un volume minimal de 33 m³.

Le recours à un géomètre expert n'est pas obligatoire, mais ce professionnel pourrait apporter une aide précieuse pour le calcul précis des surfaces de plancher. Il vous mettra à l'abri d'un éventuel recours des futurs locataires.

Les normes applicables

L'autre impératif majeur consiste à respecter les critères d'un logement décent, tels que définis par le décret n° 2002-120 du 30 janvier 2002. Chaque appartement doit ainsi proposer, a minima :

- D'un équipement de chauffage ;
- D'une alimentation en eau potable avec un débit suffisant pour une utilisation normale ;
- D'une installation d'évacuation des eaux ménagères ;
- D'une cuisine ou d'un coin cuisine ;
- D'une installation sanitaire WC à l'intérieur du logement, dans une pièce séparée de la cuisine et de la pièce principale ;
- D'une baignoire ou d'une douche ;

- D'une alimentation électrique d'une puissance suffisante pour l'éclairage et l'alimentation des appareils ménagers indispensables.

La mise à disposition de l'ensemble de ces équipements, dans une maison autrefois conçue comme un logement individuel, peut exiger des travaux importants. Le chantier, par exemple, va typiquement inclure la création de nouvelles arrivées d'eau ou de nouveaux raccords électriques.

Il est, par ailleurs, obligatoire de prévoir une délimitation claire des parties privatives de chaque logement (palier et porte d'entrée) et d'installer des compteurs d'eau, de gaz et d'électricité séparés pour chaque logement.

9. Utilisez la stratégie de l'offre et contre-offre quand il le faut !

C'est une stratégie de la négociation assez connue qu'Emeric décrit en exemple dans un article assez détaillé sur le sujet.

Chapitre 2 : La stratégie de l'offre et contre-offre

En tant qu'investisseurs, savoir négocier est un réel atout ! L'offre et la contre-offre font donc partie intégrante de cet aspect de négociation.

En immobilier comme dans de nombreux domaines d'ailleurs, il est même primordial de connaître les techniques de négociation à mettre en œuvre en fonction du vendeur qui se trouve en face de nous.

C'est une stratégie immobilière très importante !

Vous serez sans doute d'accord avec moi, un investisseur doit acheter en dessous du prix du marché pour se couvrir contre une baisse éventuelle du prix de l'immobilier.

Mais la réalité est telle que la plupart des biens à vendre sont affichés au prix du marché voire beaucoup plus chers. À vous donc de négocier pour atteindre le prix auquel VOUS êtes prêt à acheter pour que le bien soit rentable.

La négociation du prix de vente d'un bien immobilier ne s'improvise pas. Il faut être préparé à cet « affrontement ».

Vos arguments doivent être affûtés et sortis aux bons moments. Je me penche plus particulièrement dans cet article sur l'aspect offre/contre-offre de la négociation.

Je vais développer ci-dessous, les deux variantes que j'utilise pour négocier un bien immobilier. Ceci en prenant des exemples concrets.

Pour faciliter la lecture de ces méthodes, vous trouverez un récapitulatif encadré en dessous de chacune des techniques.

Rappel : qu'est-ce qu'une offre d'achat en immobilier ?

Pour faire très simple, une offre d'achat consiste à faire une proposition de prix que vous seriez prêt à donner au vendeur pour acquérir son bien. Celle-ci ne correspond que rarement au prix annoncé sinon cela s'appelle simplement : faire une offre au prix !

Elle se fait de manière orale ou écrite mais on peut considérer que l'écrit à une valeur autre plus importante. Cette offre écrite permet aussi de garder une trace, notamment si un agent immobilier sert d'interlocuteur.

Une offre se fait de manière instantanée ou de manière plus réfléchie. L'acheteur potentiel s'expose ainsi à ce qu'une offre plus intéressante soit effectuée par un autre investisseur s'il décide de prendre trop de temps. La contre-offre arrivée généralement à la suite de l'offre.

Rappel 2 : qu'est-ce qu'une contre-offre d'achat en immobilier ?

Suite à une offre écrite, proposée par un potentiel acquéreur, le vendeur répond. Il est en mesure de donner un "non" catégorique mais le plus souvent, il fera une contre-offre ou une contre-proposition d'achat immobilier.

Cette contre-offre signifie que le vendeur n'est pas en accord avec la somme proposée par l'acquéreur mais qu'il serait éventuellement prêt à céder le bien avec une proposition égale à la contre-offre.

En générale, le vendeur prend quelques heures ou quelques jours pour répondre à une offre et ainsi proposer sa contre-offre.

1. La négociation longue pendant la vente immobilière

Définition de la négociation longue en immobilier

Comme son nom l'indique, il s'agit là d'une démarche qui sera plus longue que d'autres avant de pouvoir acheter le bien immobilier.

Par cette négociation longue, on comprend qu'il y aura différentes étapes susceptibles d'amener des discussions avant de s'entendre sur le prix final du bien immobilier.

Exemple : immeuble en vente à 160.000€. Votre prix d'achat maximum 134.000€

Imaginons qu'un immeuble est proposé à la vente pour le montant de 160.000€. Bien entendu, ce n'est pas le prix auquel vous comptez acheter, mais vous l'avez sélectionné, car il serait rentable pour un prix d'achat bien moindre à 134.000€.

Le prix d'achat maximum devra vous permettre de respecter la règle des 70%. Une règle utilisée par les banques pour évaluer votre capacité de remboursement. D'autres paramètres seront à prendre en considération. Votre courtier en prêt pourra vous éclairer sur certains points.

Le piège à éviter : faire directement une offre à 134.000€, votre limite ! Pourquoi est-ce une erreur ? Cela signifie qu'en cas de mécontentement du vendeur, il fera une contre-offre qui se situera entre 160.000€ et 134.000€. Vous seriez, à coup sûr, perdant dans cette négociation, car vous venez d'annoncer le maximum envisageable.

a- La question clé pour anticiper la contre-offre

La première question à poser à votre vendeur (concernant le prix) c'est : « Quelle est votre marge de négociation ? »

Vous serez étonnés du nombre de vendeurs qui vous répondront à cette question en annonçant un montant de 2000€, 5000€, 10.000€ ou plus. Avec une seule question, le prix du bien a réduit. Et sans avoir fait d'offre ni même attendu de contre-offre !

Admettons une marge de négociation de 5000€ dans notre exemple. Votre bien initialement vendu 160.000€ est maintenant en vente pour 155.000€.

b- L'offre d'achat plus basse agressive

Faites une offre « agressive » ! Je vous y encourage vivement. C'est à l'achat et donc lors de la négociation qu'on fait la bonne affaire.

En commençant bas, vous savez que vous pourrez toujours remonter votre offre en cas de désaccord. Des dizaines de milliers d'euros peuvent être économisées !

Commencez donc par proposer 120.000€. Cela peut paraître fou, mais notez ceci : plus l'écart est important à la base et plus le vendeur fera un gros effort sur sa contre-offre !

N'ayez pas peur que l'on vous regarde de travers. Dites-vous que ce n'est finalement qu'un jeu d'offre et de contre-offre.

La négociation va désormais se passer entre 120.000€ et 155.000€.

Il y a de fortes chances que le vendeur refuse cette offre agressive. Il peut même être vexé et vouloir stopper ici la discussion. Mais ne le laissez pas partir si vite.

Vous tenez les rênes et dirigez cette négociation. Vous déciderez quand vous voudrez bien sortir, pas lui ! Demandez-lui alors de vous faire une contre-offre.

c- 1ère contre-offre ou contre-proposition

En ayant fait une première offre très basse, le vendeur, qui ne connaîtra pas ses limites, va se sentir obligé de faire une contre-offre encore plus basse que sa marge de négociation.

Dans notre exemple, il proposera 145.000€. Soit une baisse de 10.000€ (155.000€ – 145.000€) sur sa marge de négociation. Jouez la personne surprise que la contre-offre soit un montant si éloigné de votre 1ère offre à 120.000€.

d- Votre 2ème offre d'achat

Ensuite, afin de lui montrer que vous faites, vous aussi, un geste vers le haut, proposez-lui quelques milliers d'euros supplémentaires.

Mais pas trop ! Il doit sentir que vous vous rapprochez de votre limite. Ne surenchérissez pas autant qu'il a baissé. Comme il a baissé de 10.000€, augmentez de 4.000€. Proposez donc 124.000€ (120.000€ + 4.000€).

e- La 2ème contre-offre ou contre-proposition du vendeur

Le vendeur stupéfait se verra contraint de soumettre une nouvelle contre-offre. Sa deuxième.

C'est psychologique, mais remarquant que votre 2èmeoffre soit toujours très faible, il va (certainement) essayer de se rapprocher des 124.000€ en faisant encore un effort. Il va longuement réfléchir et proposer 138.000€ en signalant qu'il ne descendra pas plus bas.

f- Votre 3ème et dernière offre d'achat

La contre-offre du vendeur est vraiment pas mal. Encore un peu et on y est ! Il va falloir trouver les arguments convaincants. Faites à votre tour un effort.

En offrant tout à l'heure 124.000€, vous étiez monté de 4.000€ sur votre 1ère offre. Surenchérissez cette fois-ci de 6000€ pour montrer votre intérêt. Soit une offre à 130.000€.

g- Accord sur le prix de vente

Désormais, 8.000€ (138.000€ – 130.000€) vous séparent du prix du vendeur. Vous savez que vous pourriez vous permettre de monter encore de 4.000€ et devez « pousser » le vendeur à vous offrir 4.000€ supplémentaires. Jouez sur le côté émotionnel et dites-lui alors :

« Monsieur X, en faisant une offre à 130.000€, j'ai dépassé, et de loin, le budget que j'avais pour acheter votre bien. J'ai bien vu que vous avez également fait un réel effort sur le prix initial. Je vous en remercie sincèrement. Actuellement, 8.000€ nous séparent. Coupons la poire en deux et mettons-nous d'accord sur le montant de 134.000€. Ma banque refusera de me prêter plus que cette somme, c'est certain. Qu'en dites-vous Monsieur X ? »

Le but est de toucher émotionnellement le vendeur. Le fait de prononcer l'expression « Couper la poire en deux » à un aspect équitable. Le vendeur acceptera très certainement cette proposition et la vente pourra avoir lieu.

2. La négociation courte pendant la vente immobilière

Une nouvelle fois, la définition se comprend aisément par l'intitulé de cette négociation. On parle de négociation courte lorsque l'acheteur ou le vendeur "décide" de faire des offres ou contre-offre sèches.

Ce type de propositions n'amènera donc pas à de longues discussions et sont parfois préméditées par l'un ou l'autre parti.

Exemple : immeuble en vente à 150.000€. Votre prix d'achat maximum : 134.000€.

a- L'offre agressive, l'offre d'achat basse

La négociation peut prendre toutes sortes de direction en fonction du vendeur et de sa capacité à faire des offres. Je conseille dans tous les cas d'appliquer la technique de l'offre agressive en premier lieu.

Vous avez ainsi réalisé minutieusement votre étude de marché et avez repéré un bien à la vente pour 150.000€. Aucune marge de négociation possible.

Dans ce cas, la première étape consiste à faire une offre à 120.000€ pour les mêmes raisons annoncées plus haut. L'objectif étant de respecter la règle des 70% avec un prix d'achat maximum de 134.000€.

Le vendeur s'aperçoit que vous êtes très bas, râle un peu. Vous le sentez retissent à vous vendre son bien dans ces conditions. Vous lui dites alors :

« Monsieur X, j'ai été un peu agressif sur le prix, je vous l'accorde. Mais donnez-moi un autre prix de vente SVP ».

b- Contre-offre du vendeur

Il acceptera alors de baisser à 140.000€. Soit 10.000€ de moins que le prix initial. D'où l'utilité de faire des offres agressives dès le début.

Il y aura une répercussion sur la contre-offre qui sera elle aussi plus basse qu'avait prévu le vendeur.

c- Votre 2ème offre

Malgré sa contre-offre, l'humeur du vendeur se dégrade. Vous ne le sentez pas très coopératif et vous dit clairement qu'il ne descendra pas plus bas. Ne baissez pas les bras pour autant et proposez-lui votre offre maximale !

Soit 134.000€. Il verra que vous lui offrez 14.000€ de plus (134.000€ – 120.000€) et vous remonterez ainsi peut-être un peu dans son estime. Pourtant, il souhaite rester sur ses positions.

d- Accord sur le prix de vente

Demandez un cadeau au vendeur : "Monsieur X, je comprends votre point de vue et suis prêt à monter une dernière fois mon offre. Je vous propose 138.000€ mais à une condition... Pour ce prix, je récupère tous les meubles et luminaires qui sont dans les appartements de l'immeuble"

e- Double avantage de cette offre finale

Vous dépassez ainsi de 4.000€ votre montant maximum, mais ce n'est pas si grave cette fois-ci. Pourquoi ? Meubler un appartement peut coûter cher.

Meubler un immeuble encore plus ! Il s'agit de milliers d'euros. En incluant 4.000€ de mobilier à la vente, vous économiserez sur la partie ameublement. Et du coup, les meubles seront financés par la banque.

De plus, par la suite, vous pourrez estimer (ou faire estimer) le montant de ce mobilier restant dans l'immeuble pour ainsi le préciser sur votre compromis de vente. Les frais de notaire portant seulement sur la partie immobilière, vous économiserez également sur les frais de notaire.

3. Quelle est la marge de négociation sur un immeuble ?

Il n'y a pas vraiment de réponse à cette question. Personnellement, je ne fixe jamais de limite, je veux juste respecter le montant maximal d'achat que je me suis fixé.

La négociation est une composante importante en immobilier et il convient de l'optimiser mais attention à bien rester "ancrer" dans sa stratégie.

Pour faire au mieux et ne jamais se tromper lors d'un achat immobilier, il convient d'avoir déterminé en amont le prix maximal d'achat. C'est le meilleur moyen pour ne jamais aller trop loin dans une proposition. De plus, cela vous procure des arguments en cas de justification.

a- Quels sont les risques de faire une offre d'achat trop basse ?

Faire une offre d'achat trop basse relève d'une stratégie. Généralement, on sait pourquoi on la fait ! (Le vendeur a besoin de cette somme, on veut une contre-proposition loin du prix de départ, …)

Faire une offre d'achat trop basse sera par définition risqué. Le vendeur peut se braquer et refuser de faire une contre-offre. Lorsque tel est le cas, il est délicat de revenir en arrière et de proposer une autre somme au vendeur.

Il faut bien déterminer dès le départ si cette stratégie agressive est adéquat dans la situation de vente donnée. Quoi qu'il en soit, une offre d'achat trop basse ne présente que le risque de braquer le vendeur et non celui de se mettre soi-même en danger face aux chiffres.

b- Quels sont les risques de faire une offre d'achat trop haute ?

Logiquement, si l'offre est haute, elle est quand même réfléchie et cela signifie que vous êtes proche de votre prix maximal d'achat.

Cela signifie en tout premier lieu que vous n'avez plus beaucoup de marge. Autrement dit, si le vendeur décide de faire une contre-offre, il y a fort à parier que celle-ci soit au-dessus votre valeur maximale d'achat.

Si vous faites une offre assez haute, c'est généralement que la proposition de départ est très intéressante et vous êtes déjà "bien" dans les chiffres. Où, cela signifie que vous faites une offre assez haute mais ferme, sans accepter de contre-proposition, c'est donc risqué.

Une nouvelle fois, cette offre d'achat haute sera efficace et vous diminuerez le risque si vous la faites pour une raison valable.

c- Quels sont les postures, réflexes et comportements à adopter pour mieux gérer la négociation immobilière et notamment les contre offres ?

Comme beaucoup de composantes en immobilier, il convient de gérer également la partie humaine et la partie relationnelle entre deux personnes : l'acheteur et le vendeur.

En plus d'être courtois et poli, il faut savoir montrer que l'on sait ce que l'on veut.

L'idée ne sera jamais de dévaloriser le bien du vendeur par exemple mais plutôt de montrer que malgré l'entretien du bien, il reste des aménagements à faire et que vous ne pouvez pas l'acheter plus cher que ce que vous proposez. C'est pour ceci que les offre et contre-offre sont souvent à "justifier". Tout au moins, soyez prêts à le faire et ayez du répondant à ce sujet.

Votre posture doit jongler entre sûreté, sérénité et semblant de lâcher prise. L'idée est de montrer que vous avez fait des efforts même si au final, vous attendez les efforts de la part du vendeur.

Chapitre 3 : Quoi savoir des taux d'intérêt ?
On parle beaucoup d'une forte hausse des taux d'intérêt. La question à se poser est donc : le secteur immobilier deviendra-t-il moins attractif avec la hausse des taux d'intérêt en ? Difficile d'être catégorique, mais quand cela arrive, il est évident en qu'il sera moins intéressant d'emprunter un crédit, mais peut aussi provoquer une chute des prix de l'immobilier voire la panique.

Le point de cette panique est qu'elle nous permet de trouver de bonnes opportunités à des prix extrêmement bas et probablement des rendements plus élevés. Lorsque les prix baissent, les investisseurs basiques ont tendance à paniquer, en revanche, pour un investisseur chevronné en, c'est généralement le meilleur moment pour investir.

Mais à la fin, vous gagnerez toujours dans n'importe quelle situation, peu importe si les prix montent ou baissent.

Chapitre 4 : Comment réussir dans l'immobilier avec trois secrets ?

Les trois points secrets principaux que tout investisseur multimillionnaire considère avant d'investir sont : les critères, les termes du contrat et le réseau. Cela déterminera ce que vous achetez, comment vous l'achetez et qui vous aidera.

- Les critères identifient les transactions potentielles ;
- Les clauses du contrat déterminent la transaction proprement dite ;
- Le réseau vous permet de repérer les meilleures affaires, mais aussi d'agir.

Autres meilleurs conseils pour réussir votre investissement immobilier

1. Évaluer votre capacité d'investissement

Évaluer votre capacité de gain est la première étape pour investir avec succès dans un bien locatif. Ce devis vous permet de définir votre budget et donc le type de bien qui fera l'objet de l'étude et de la négociation.

La première étape consiste à consulter votre banque pour déterminer votre revenu disponible et la capacité d'endettement maximale pouvant être consacrée à ce projet immobilier. Tout au plus, vous devriez pouvoir créer de l'espace pour un second investissement à plus ou moins long terme. Par exemple, il peut être pratique de répartir votre investissement sur deux propriétés dans la mesure du possible, par exemple en achetant deux petits studios au lieu d'un seul appartement de deux chambres.

Avant d'entrer dans l'immobilier, la simulation offre donc une accessibilité maximale. Les loyers futurs sont pris en compte pour les immeubles locatifs.

2. Définir le bon emplacement dans une ville que nous connaissons

Définir le bon emplacement dans une ville que l'on connaît

Pour réussir dans l'immobilier, les objectifs d'un investisseur sont d'avoir des locataires rapidement, que ceux-ci soient stables et qu'ils paient régulièrement leur loyer. Bien entendu, ces fondamentaux ne doivent pas être perdus de vue si vous souhaitez réussir dans votre investissement. Aussi pour mettre toutes les chances de votre côté, il est nécessaire de se placer dans la peau du futur locataire.

C'est par excellence dans un environnement connu que l'on peut au mieux se projeter vers les attentes des futurs locataires. En matière d'immobilier, le meilleur moyen de rater son investissement est d'acheter dans une ville que l'on ne connaît pas et sans s'être déplacé. Cela peut conduire à acheter un appartement parfait sur le papier mais qui ne trouve jamais preneur, ou à le payer trop cher.

Se mettre dans la peau d'un locataire, c'est aussi valider l'emplacement au sein de la ville : est-ce facilement accessible (proximité des transports, des routes principales) ? Est-ce qu'il est aisé de faire ses courses, de déposer ses enfants à l'école ? Est-ce que le quartier est sécurisant de jour comme de nuit ?

3. Bien définir le type de bien recherché

Les deux points précédents ont permis de définir un budget maximal et une zone de recherche. Reste à définir et trouver le bien idéal. Faut-il porter son choix sur un studio, un 2 pièces, un lot de parkings ? Acheter en loi de défiscalisation Pinel ?

Il est important de comprendre qu'un investissement immobilier est quelque chose de personnel : le bien idéal est différent pour chaque personne. En amont, le futur investisseur devra déterminer ses objectifs pour porter son choix sur le meilleur type de bien possible. Plusieurs motivations peuvent en effet pousser à investir, dont les plus courantes sont : constituer un patrimoine pour un complément de retraite, défiscaliser, acheter un logement pour héberger ses enfants ou parents plus tard, financer sa future résidence secondaire par la location pendant quelques années...

4. Utiliser les bons moyens de recherche

Plusieurs moyens sont à disposition pour trouver le bien immobilier idéal, avec en premier lieu Internet. Le web regorge d'annonces immobilières. Il est facile de faire une sélection de biens correspondant à son budget et sa zone de recherche. Passer par des agences immobilières locales peut aider à gagner du temps, celles-ci pouvant proposer des biens qu'elles ont à la vente.

Si le recours aux agents immobiliers est classique, d'autres moyens sont moins connus comme le fait de s'adjoindre les services d'un chasseur immobilier ou d'un conseiller en gestion de patrimoine. Après avoir cerné le projet du client (objectif d'investissement, zone géographique, type de bien...), ces professionnels se mettent en recherche de biens correspondants. Cela évite d'avoir à visiter chaque bien, ou de perdre des heures sur Internet à explorer toutes les offres de chaque site. Point intéressant : le chasseur d'immobilier spécialisé peut orienter ses clients vers des biens patrimoniaux permettant une optimisation de l'investissement, comme une loi Pinel, du déficit foncier (si travaux), de la nue-propriété ou de la loi Malraux. À noter : ces services ne sont pas plus chers, puisque comme un agent classique, ces professionnels sont rémunérés par une commission une fois la vente réalisée.

5. Perdre le côté « instinctif » de son choix

Le « coup de cœur » est l'ennemi numéro un de l'investisseur immobilier. Contrairement à l'acquisition d'une résidence principale, l'achat locatif se base sur des critères pratiques et rationnels, avec en poupe la qualité de l'emplacement et la rentabilité potentielle du lieu. Ces deux critères sont en lien direct avec les souhaits d'un locataire : avoir un logement proche de ses commodités dans un budget raisonnable.

Le logement acquis doit plaire à un maximum de personnes. Mieux vaut oublier le charme de l'atypique ou d'une campagne trop reculée, et garder en mémoire que peu de locataires sont prêts à payer plus cher pour un logement « coup de cœur ». Préférer les espaces rationnels (angles droits) et le fonctionnel (placards ou rangements, cuisine aménagée...) et se souvenir qu'on ne choisit pas le logement pour soi mais pour avoir un maximum de chance de louer facilement, durablement et de façon un minimum rentable.

6. Ne pas se précipiter pour investir et toujours visiter

Investir dans l'immobilier n'est en général pas un acte que l'on répète souvent dans sa vie. Or, il est possible que la bonne affaire ne soit pas sur le marché pile au moment où le futur acquéreur la cherche. Si nécessaire, il ne faut pas hésiter à différer son achat. Attention toutefois à ne pas repousser l'achat pour de mauvaises raisons !

Aujourd'hui, la logique de l'investissement est celle d'un placement. Pour être optimal, il doit équilibrer les objectifs et les contraintes de l'investisseur. Ainsi, ne pas se précipiter signifie prendre le temps de valider l'emplacement, de se renseigner sur le marché locatif, de visiter et comparer les prix et prestations de plusieurs biens.

Lorsqu'un bien semble correspondre à ses attentes, se rendre sur place en personne permet parfois d'éviter de grandes déconvenues. Autant le rappeler, il faut toujours visiter et se rendre compte de ce qu'on achète. Humer l'atmosphère du quartier, regarder l'état du logement ou valider l'emplacement d'une future construction est une condition sine qua none à toute acquisition immobilière, même si le logement n'est pas destiné à être un jour habité par son propriétaire.

Dans tous les cas il est impératif de garder en mémoire qu'un bien immobilier réunissant tous les critères est souvent difficile, voire impossible à trouver. Apprendre à faire des concessions est essentiel. Sans jamais sacrifier ni la qualité de l'emplacement, ni la rentabilité potentielle de l'investissement.

7. Évaluer la rentabilité des biens immobiliers sélectionnés

La rentabilité d'un investissement locatif est primordiale, quel que soit l'objectif. L'examen de ce critère pourra notamment permettre de comparer deux biens avant d'en choisir un pour l'achat.

La rentabilité brute est la somme annuelle générée par l'investissement, comparée à la somme qu'il a fallu dépenser pour l'obtenir. Elle s'exprime en pourcentage. En matière d'investissement locatif, elle se calcule ainsi :

(Somme des loyers annuels – somme des dépenses annuelles) / prix d'acquisition du bien.

Prenons par exemple un appartement acheté 120 000 euros frais de notaire inclus, générant 400 euros de loyer par mois. Sur ce loyer, chaque mois sont décomptés 50 euros de charges et 7% de frais de gestion soit 28 euros. Le loyer net chaque mois est donc de :

400€ – 50€ – 28€ = 322 euros.

La rentabilité annuelle brute sera donc de :

322 euros x 12 mois / 120.000 euros x 100 = 3,22%

Ce calcul de rentabilité est une approche permettant de comparer les biens. En effet, pour calculer une rentabilité nette au plus juste, il serait nécessaire d'enlever les impôts générés (impôt sur le revenu fonction de la tranche d'imposition du futur investisseur, impôts fonciers hors ramassage des ordures et CSG) ainsi que les autres charges éventuelles (assurances...) et de réintégrer l'avantage fiscal dans le cas où l'acquisition le permet (déficit foncier, loi Pinel...).

8. Se rapprocher de l'autofinancement

Financièrement parlant, le meilleur investissement immobilier est celui qui « s'autofinance ». C'est-à-dire que les loyers perçus couvrent entièrement les mensualités du crédit qui lui est lié. Cependant, rares sont les biens qui permettent cela pour l'achat de logement locatif sans apport. L'objectif est donc d'obtenir le meilleur rapport de financement plutôt que d'atteindre l'autofinancement.

Reprenons l'exemple précédent. En finançant l'acquisition d'un bien immobilier à 100% par emprunt au taux de 1,6% pendant 20 ans, on arrive à une mensualité de crédit de 620 euros pour 322 euros de loyer. L'effort d'épargne est donc de près de 300 euros par mois.

Pour optimiser le financement et réduire son effort d'épargne, il est possible d'augmenter l'apport initial et réduire le montant du crédit. Dans le cas précédent, pour que le logement s'autofinance il faudrait réaliser un apport de 50% de son prix soit 60.000 euros.

Optimiser le financement, c'est donc trouver un équilibre entre l'épargne disponible de l'investisseur, l'effort d'épargne qu'il consent, le montant du crédit nécessaire à l'acquisition et les loyers générés.

9. Trouver un bon gestionnaire

En matière d'investissement locatif, le gestionnaire a une grande importance. Son rôle sera de trouver les locataires, de faire l'état des lieux, d'encaisser les loyers, de les reverser au propriétaire, et de gérer les problèmes si certains surviennent.

Or, tous les gestionnaires ne se valent pas et il est très important d'en choisir un bon pour éviter les déconvenues. Balayons les idées reçues : les grandes enseignes ne sont pas forcément les plus performantes. Pour faire le bon choix, rien de tel que le bouche-à-oreille...

10. Souscrire à une Garantie Loyers Impayés (ou GLI)

Lorsque l'on investit dans un logement, on s'expose à ce que les locataires ne paient pas leur loyer. Si les mensualités d'un crédit sont dans le même temps à rembourser, cela peut plonger les propriétaires dans une situation difficile.

Première règle : s'endetter dans des proportions raisonnables, afin qu'une éventuelle défaillance des locataires ne mette pas à mal les finances du ménage.

Seconde règle : se prémunir du non-paiement des loyers en souscrivant une Garantie Loyers Impayés auprès d'une compagnie d'assurances. Dans la plupart des cas, le gestionnaire peut proposer la garantie qu'il a lui-même souscrit dans le contexte d'un contrat-cadre avec un assureur. Certaines grandes enseignes disposent même de cette assurance en interne.

Pour les propriétaires qui s'occupent de leur propre gestion locative, il est également possible de souscrire à une Garantie Loyers Impayés auprès d'une compagnie assurance. Son coût est approximativement de 3% des loyers. Il est largement amorti en cas de problème.

PARTIE 3 : LES MEILLEURS PARAMETRES A CONSIDERER

Chapitre 1 : Le meilleur moment pour investir dans l'immobilier

Le moment favorable pour investir dans l'immobilier, c'est maintenant. Ici, on va traiter de pourquoi il faut investir le plus tôt possible. Il faut savoir qu'investir très tôt vous donnera tellement d'opportunités incroyables sur le court, moyen et surtout sur le long terme. Lorsque vous allez investir, c'est que vous allez rapidement acheter de l'immobilier, vous allez sécuriser votre patrimoine et surtout vous allez pouvoir très rapidement être indépendant de cette vie salariale et pouvoir aller rapidement vaquer à ceux que vous aimez réellement. Autrement dit, ça vous permet de vivre de vos passions. Si vous aspirez par exemple à être artiste, à faire de la peinture ou autre sachez que l'immobilier peut vous permettre de pouvoir être à 100% dans votre activité sans avoir à travailler à côté.

Un autre avantage pour avoir investi tôt est qu'on peut commencer par vite faire ce qu'on veut. On est libre de rester dans le domaine salarial parce que si jamais on veut le quitter, on peut le faire en un claquement de doigts. Si jamais on souhaite créer son business ou sa marque, devenir chanteuse, vous aurez tout votre temps pour le faire parce que vous n'aurez aucun stress financier.

Une autre raison pour laquelle il est important d'investir tôt est qu'on aura une retraite sécurisée. Vous n'aurez plus à dépendre de la retraite minable que l'état vous donne mais vous aurez plutôt vos propres rentes qui tomberont tous les mois dans votre compte et qui vous permettront de vivre pleinement votre retraite. Vous pourrez voyager, vous pourrez être nomade, en un mot vous allez profiter à fond de vos derniers instants. Il suffit de voir les retraités qui sont autour de vous pour voir que la retraite qui leur est donnée n'est juste pas possible. Travailler toute sa vie et toucher quelques euros par mois n'est pas convenable. Si vous voulez toucher beaucoup plus d'euros même à votre retraite, vous devez investir maintenant.

Le dernier point important qui montre qu'il est important d'investir rapidement est que le marché immobilier est encore accessible et les taux de crédit sont très bas même si ça commence à   augmenter un petit peu à cause du COVID. Etant donné qu'on ne sait pas de quoi sera fait demain, c'est la raison pour laquelle il faut investir rapidement. On a la chance d'avoir des banques qui peuvent nous prêter à 110 % et donc on ne va pas gâcher cette chance à attendre encore dix ans. Il importe donc d'investir maintenant parce que dans dix ans on n'est pas sûr qu'on aura les mêmes conditions pour l'octroi de prêts.

Les mouvements de panique

Les accidents sont souvent les meilleurs moments pour trouver des opportunités de marché. Il y aura toujours une demande pour l'immobilier. Lorsque les prix du chutent, les investisseurs veulent généralement attendre. À Dubaï, les loyers n'ont pas baissé de manière significative entre 2015 et 2018, malgré la baisse des prix de l'immobilier. Tout simplement parce que les gens ne veulent pas acheter et préfèrent attendre.

Si vous êtes présent au bon endroit et au bon moment, vous savez que ce sont des opportunités à ne pas manquer car elles vous permettront d'accélérer votre liberté financière. Votre travail en tant qu'investisseur est d'être en mesure d'identifier ces situations et d'obtenir les informations avant les autres afin que vous puissiez agir le plus rapidement possible.

Les meilleures affaires sont généralement conclues pendant les marchés baissiers car les vendeurs veulent se débarrasser rapidement de leurs produits (quitte à les vendre), surtout lorsqu'ils sont en difficulté. Acheter un bien à prix sacrifié pour vous augmente votre rentabilité locative et donc facilite la restitution de vos crédits. Vous devez orienter vos recherches sur des biens que vous pouvez acheter à un prix très bas et que vous garderez quelques années avant qu'ils ne puissent les revendre, c'est le cas des enchères de propriétés qui ont été reprises à des personnes qui ne pouvaient plus racheter leur prêt.

La crise immobilière

Il y aura sans doute à l'avenir des crises dans l'immobilier, comme c'est également le cas sur les marchés boursiers. Notre seule protection contre ces crises consiste à bien acheter et à s'assurer que cela ne nous mettra pas en difficulté. On ne pourra jamais éviter une crise, mais on peut toujours limiter les dégâts en s'y prenant correctement.

Il est important de connaître les fondamentaux du marché et de savoir comment un bien immobilier va se comporter lorsque l'économie est positive, mais également en période de crise.

Doit-on être riche avant d'investir ?

Une erreur souvent fatale dans l'immobilier et dans l'investissement en général est la procrastination. Bien sûr, ces personnes n'investiront jamais car elles trouveront toujours des excuses. On ne répétera jamais assez souvent ce proverbe japonais ou chinois : le meilleur moment pour planter un arbre était il y a 20ans, le deuxième meilleur moment est aujourd'hui. A un moment donné, il faut passer à l'action et arrêter de se poser tant de questions, il faut avoir un plan.

Vous ferez certainement des erreurs, mais vous corrigerez les choses en cours de route. Essayez d'investir dans l'immobilier le plus tôt possible, cela se complique avec l'âge, notamment en ce qui concerne les crédits bancaires, mais aussi le travail et les engagements familiaux. Après 50 ans le marché du travail est implacable et en devient très difficile de trouver un nouvel emploi.

Chapitre 2 : Les immeubles de rapport

Historiquement, le terme « immeuble de rapport » est né au XVIII siècle pour désigner les premiers bâtiments construits à Paris dans un but de les louer pour « rapporter » de l'argent régulièrement via les loyers. Cet immeuble était alors composé de plusieurs logements assez semblables.

Depuis, le terme est resté utilisé pour désigner tout achat d'un ensemble de lots d'un même bien immobilier. Il s'oppose au terme de la copropriété où plusieurs propriétaires possèdent un ou plusieurs lots de cet immeuble.

On parle aussi plus rarement d'un « hôtel de rapport », d'une « maison de rapport » ou encore d'un « immeuble à loyer ». Tous ces termes désignent la même chose : la possession par un même propriétaire (personne physique ou morale) de tout l'ensemble d'un bâtiment avec pour but la location de chacun des lots qui le composent dans le but de générer des loyers récurrents qui permettent à ce dernier de gagner de l'argent.

Préconisation avant d'investir dans un immeuble de rapport

Attention, il est hautement préférable de ne pas commencer directement par un projet d'investissement de ce type sans expérience en matière d'immobilier locatif.

Même après avoir investi du temps indispensable dans de la formation théorique sur la fiscalité, la gestion administrative (gestion des locataires, gestion de la déclaration d'impôt, etc.) et tous les éléments à bien connaître et à optimiser pour un propriétaire bailleur, cela ne remplacera jamais la pratique et la confrontation avec la réalité du terrain.

Mieux vaut se créer de l'expérience en investissant d'abord sur un petit logement ou des places de parkings (moins formateur sur l'ensemble des contraintes, mais permet de mettre le pied à l'étrier facilement).

Idéalement vous pouvez commencer par acheter un studio avec un budget assez restreint. Faite vous la main, faites vos premières erreurs !

Même avec une bonne préparation, vous en ferez comme tous. Celles-ci auront un impact financier limité car l'investissement l'est. Vous pourrez ainsi vous servir de ce premier projet locatif formateur pour ne pas reproduire des erreurs plus coûteuses sur un projet de plus grande envergure.

Puis, une fois plus armé, vous pourrez vous lancer dans l'achat d'un immeuble de rapport et bénéficier de ses nombreux avantages.

Les avantages de l'achat complet de tout un immeuble pour le louer par lots

Pourquoi privilégier un investissement dans un immeuble de rapport plutôt que l'achat d'un grand logement ou de plusieurs logements éloignés (dits des « logements secs » par opposition) ?

Voici une liste des principaux bénéfices d'un tel placement :

Prix d'achat et coûts de fonctionnement plus faibles

L'une des premières qualités d'un immeuble de rapport est celle d'être globalement moins cher que plusieurs achats séparés de différents biens immobiliers à louer :

Le prix d'achat au mètre carré sera moins élevé pour un ensemble de lots vendu à un seul acquéreur (achat en bloc) que pour les mêmes logements vendus séparément à différents acquéreurs.

Il n'y aura qu'une seule transaction avec un seul vendeur. Cela signifie donc qu'il ne faudra payer qu'une fois les frais de dossier de la banque ou du courtier pour un seul financement.

Il n'y aura qu'à payer une seule fois le notaire : voir le détail du calcul des frais de notaire pour comprendre l'utilité d'un seul gros paiement plutôt que de plusieurs petits.

Il n'y aura également qu'une seule commission d'agent immobilier à payer : généralement il applique un plus faible pourcentage sur une grosse vente que sur plusieurs petites.

Tout cela permet d'avoir un coût d'achat d'un immeuble de rapport bien moins élevé que l'achat des mêmes biens pris un par un.

Il y aura également des frais de fonctionnement moins élevés pour ce type particulier d'investissement :

Les impôts fonciers sont en général moins élevés sur l'immeuble tout entier que sur la somme des lots pris séparément.

Il n'y a pas besoin de syndic de copropriété car vous serez le seul propriétaire bailleur. Or leurs frais peuvent être assez élevés et sont depuis plusieurs années sur une tendance d'augmentation bien plus forte que l'inflation.

Vous pouvez regrouper les travaux de vos artisans. Avec plusieurs interventions sur un même lieu en même temps, vous aurez ainsi une plus grande marge de manœuvre pour négocier les tarifs de vos artisans (chantier plus conséquent et plus pratique pour eux).

Ces frais en moins vous permettront donc en plus de réduire les coûts de gestion.

Une meilleure rentabilité locative globale

Pour vos locataires, que vous soyez le seul propriétaire de tout l'immeuble ne change rien. Les prix de chacun des logements, commerces ou bureaux à louer resteront les mêmes. Vous aurez ainsi le même niveau de revenus fonciers que pour un achat de plusieurs logements secs.

Comme vous avez eu un prix d'acquisition plus faible et que vous avez des frais de gestion moindres également, vous obtenez ainsi une meilleure rentabilité locative.

Faites les calculs. Cela peut très vite apporter un surplus de rendement non négligeable. Il existe de très bons outils pour calculer votre rendement locatif et optimiser tout cela.

Simplification de la gestion

Il est indéniable que votre gestion de cet ensemble de biens immobiliers en locatif sera simplifiée :

Il n'y a pas besoin de gérer une copropriété. Cela signifie que vous serez le seul décisionnaire de toutes les décisions à prendre sur les travaux de rénovation ou d'amélioration, les règles de fonctionnement, etc.

Vous serez également ainsi libre de réaliser les travaux à votre rythme, comme vous le voulez ou pouvez, en choisissant vous-même les prestataires et la façon de les réaliser.

Comme nous l'avons vu ci-dessous, un seul gros bien à acheter ne demande qu'un seul passage chez le banquier ou le courtier, un seul passage chez le notaire, un seul agent immobilier intermédiaire, etc. Cela procure non seulement des gains sur les frais de tous ces interlocuteurs, mais cela vous fait également gagner énormément de temps en limitant les nombres de rendez-vous et d'échanges divers.

La même localisation pour tous les lots à gérer est également un gain de temps et de contraintes appréciable pour le gestionnaire de ces locations. Soit vous le faites vous-même et cela vous simplifie la vie. Soit vous le faites gérer par une agence immobilière et cela peut en réduire le coût car cela simplifie leur gestion à eux. Il en sera de même pour les artisans ou tout autre professionnel devant intervenir sur cet immeuble.

Répartition du risque sur plusieurs lots

Le risque d'impayés et de problème avec un locataire est réparti sur différents biens. Si cette répartition du risque est la même que pour plusieurs logements séparés, cela peut néanmoins être un plus pour la banque qui vous fait un prêt immobilier. En effet, ce seront plusieurs loyers différents qui couvriront les besoins pour payer le remboursement de votre crédit immobilier. Il y a donc moins de risques pour le paiement de vos mensualités car plusieurs locataires vous assurent des rentrées d'argent régulières pour ce bien qu'elle a financé.

En outre, vous avez également la possibilité de choisir un immeuble qui vous permet de mixer les usages sur les différents lots : des habitations, un local commercial, des bureaux, des parkings, des garages, etc.

Possibilité de vendre petit à petit les lots à un meilleur prix

Lorsque vous voudrez vendre cet immeuble de rapport, vous aurez le choix entre vendre tout l'ensemble ou le vendre lot par lot. Cela vous laisse alors la possibilité de garder ceux qui possèdent la meilleure rentabilité par rapport à leur valeur actuelle sur le marché immobilier.

Une vente de chaque bien individuellement vous permettrait un meilleur bénéfice car ils seront vendus plus chers séparément que tous ensemble à un seul acquéreur.

Néanmoins pour réaliser cela, il fait bien étudier les travaux et frais nécessaires avant de pouvoir vendre chaque lot séparément :

Des travaux seront probablement nécessaires pour bien dissocier les lots et tous leurs accès, notamment au niveau des fluides (eau, électricité, gaz, etc.).

Des frais et des efforts à prévoir pour la création d'une copropriété.

C'est une piste supplémentaire possible pour améliorer la rentabilité d'un placement dans un immeuble de rapport.

Inconvénients

En face de tous ces avantages de l'immeuble de rapport, on trouve également quelques inconvénients qu'il est bon de connaître :

Concurrence plus faible pour l'achat mais plus qualifiée

Le marché de la vente d'immeuble de rapport est un marché très spécifique, beaucoup plus restreint. Il y aura peu d'offres et la demande est également beaucoup moins importante.

Cependant, les autres acheteurs concurrents seront également bien mieux informés et expérimentés en investissement locatif. La recherche d'un tel placement rentable n'est donc pas une tâche aisée et abordable sans effort. C'est en effet un marché de professionnels ou de particuliers très qualifiés.

Nous verrons ci-dessous quelques conseils pour bien préparer un achat de ce type.

Investissement conséquent demandant des liquidités

Par définition, ce sera un investissement beaucoup plus lourd que sur un seul appartement. Un immeuble de rapport peut très bien ne comprendre que deux biens immobiliers à louer (deux lots), mais il peut également en avoir beaucoup plus.

Les risques sont donc plus élevés en cas de problème qui ne sont pas couverts par une assurance. Cela nécessite d'avoir plus de réserve de liquidités en cas de travaux imprévus, de problèmes urgents sur le bâtiment en lui-même, etc.

Pour réduire ce danger, vous avez la possibilité d'investir dans un immeuble de rapport à plusieurs via une SCI (Société Civile Immobilière. Cela permet de n'avoir qu'un seul propriétaire (la SCI), mais plusieurs personnes qui ont des parts de cette société et qui peuvent donc intervenir en cas de difficultés ou pour lever les fonds importants nécessaires à l'achat.

Renseignez-vous sur le prêt immobilier pour un investissement locatif, comment l'obtenir et l'optimiser.

Prise de risque sur le bâti d'un seul immeuble

Quand vous investissez dans différents logements ou autres biens immobiliers situés dans différents immeubles, cela permet de séparer les risques liés à des problèmes sur le bâtiment dans son ensemble.

Un problème grave sur un immeuble, comme on peut en voir souvent dans les actualités (incendie, zone devenue à risque, etc.) sur votre immeuble de rapport impactera directement tous vos biens immobiliers loués en même temps. Si vous n'avez pas une bonne assurance pour cela, il vous faudra pouvoir assumer cette période délicate.

Enfin, il convient donc d'avoir d'excellentes connaissances sur le bâti en général. Si ce n'est pas le cas, il faut pouvoir vous faire accompagner par un professionnel compétent dans ce domaine pour évaluer l'ensemble des éléments de cet immeuble :

- Les fondations
- La toiture
- L'isolation
- Les mises aux normes électriques
- Etc.

Préparation de l'achat : où trouver des immeubles à vendre ?

Voici différents éléments à connaître avant d'envisager un placement sur un immeuble complet dans un but locatif :

Rechercher sur les grands sites d'annonces : les grands sites d'annonces immobilières (LeBonCoin, SeLoger, LogicImmo, PAP, etc.) proposent la possibilité de sélectionner directement les immeubles à vendre. C'est une bonne occasion pour filtrer directement sur ce type de bien particulier.

Néanmoins, il convient de ne pas délaisser complètement des recherches complémentaires. Tous les propriétaires vendeurs d'une maison composée de (ou découpable en) plusieurs lots ne seront visibles qu'avec une recherche sur la catégorie « maison » ?

Se constituer un réseau d'informateurs : les sites d'annonces c'est bien, mais cela ne vous permettra pas de dénicher avant les autres un immeuble qui va bientôt apparaître sur le marché de la vente. Constituez-vous un réseau d'informateurs.

Dans de nombreuses professions en lien avec l'immobilier, il y a des personnes qui obtiennent des informations sur un bien qui va prochainement être vendu avant toute communication : notaires, agents immobiliers, banquiers, courtiers, assureurs, etc.

C'est là que vous pouvez faire toute la différence comme pour n'importe quel achat de bien immobilier. En étant le premier informé, vous pouvez couper l'herbe sous le pied aux autres investisseurs qui recherchent aussi ce genre de placement et ainsi éviter les surenchères.

Vérifier précisément les prix et les loyers : recherchez sur votre secteur précis pour bien prévoir la rentabilité envisagée. Ne vous contentez pas de quelques estimations approximatives ou de consulter quelques sites d'annonces. En effet, les prix de vente réels et les loyers actuels peuvent être sensiblement différents. Voici comment vous informez sur les prix de l'immobilier dans votre ville et comment commencer à étudier votre marché locatif local.

S'informer sur les individualisations de compteur : qui dit immeuble en bloc, dit parfois plusieurs lots à louer avec un seul compteur électrique ou un seul compteur de chauffage (gaz, fuel ou autres), etc. À vous de vérifier si tout est géré de manière globale ou individualisée. Dans le premier cas, ce sera à vous de payer les factures avant de trouver une solution pour répartir les charges sur vos locataires.

Privilégier toujours un bon emplacement : comme pour n'importe quel bien immobilier, les 3 critères à privilégier sont l'emplacement, l'emplacement et l'emplacement. Non seulement les biens doivent avoir une forte demande locative solvable dans le quartier, mais il faut également pouvoir les revendre facilement en cas de besoin. Pour cela, rien de mieux qu'une localisation de qualité qui attirera toujours des acheteurs.

Faites notamment attention à ce que tous les types de bien à mettre en location sont adaptés aux besoins de cette localité (pas de logements trop petits quand il n'y a pas de demande dans le secteur, local commercial là où il y aura facilement des clients, etc.).

Prendre tout le temps de bien estimer l'état général de l'immeuble : que ce soit pour la toiture, l'électricité, etc., ne signez rien tant que vous n'avez pas toutes les informations nécessaires. Cherchez à chiffrer assez précisément le montant des travaux à prévoir à l'achat ou durant les premières années de gestion. Ceci vous permettra de préparer votre budget et d'adapter le prix de votre offre d'achat en conséquence (et les conditions suspensives si nécessaire, par exemple si des doutes persistent sur un point précis et que cela demande une réponse ultérieure).

Négliger aucune information importante : questionner longuement le vendeur sur les travaux récemment réalisés, sur les frais et charges locatives actuelles, sur les contrats de location en cours si un ou plusieurs lots de cet immeuble sont déjà loués, etc. Un investissement dans un immeuble de rapport, cela ne s'improvise pas.

S'assurer que les lots sont en règle : avec l'aide de votre notaire, vérifiez que tous les lots ont bien été déclarés et sont connus de l'administration fiscale. Il peut arriver que certains découpages de lots n'aient pas été fait dans les règles de l'art.

La facture fiscale

Pour finir, comme pour tout placement d'argent, il est indispensable de savoir quelle sera la fiscalité ou les règles de fiscalité en cas de différents types de biens à louer qui s'appliqueront sur votre investissement.

Faites le bon choix entre l'achat en direct en tant que particulier, l'achat via une SCI, voire par l'intermédiaire d'une holding. Un expert-comptable ou un notaire pourra étudier ce projet avec vous et vous donner les avantages et inconvénients de chacune des possibilités. Pour bien choisir, il faudra avoir une idée assez précise de vos objectifs avec cet achat et de vos orientations pour les années à venir.

En fonction des possibilités des différents lots et de l'intérêt de tel type de bien dans votre secteur géographique, il conviendra également de déterminer les meilleures options en termes de mise en location. La fiscalité du LMNP est par exemple plus favorable actuellement qu'une simple location nue classique. Il peut également être intéressant d'étudier les opportunités d'installer une colocation dans un grand logement, etc. Ne négligez aucune solution d'optimisation.

Enfin, après avoir calculé de manière assez précise les loyers à percevoir, les charges et frais divers (à l'achat mais aussi les charges locatives non récupérables, l'entretien/réparation, etc.), il vous faudra estimer les impôts sur vos revenus fonciers.

En fonction de votre montage et du type de location, il y a de nombreux scénarios à étudier. Le montant des prélèvements sociaux, des impôts sur ces loyers, voire de l'IFI peuvent vite devenir très importants. Il est indispensable de les prévoir pour s'assurer que la trésorerie sera suffisante et ne pas se louper avec un investissement aussi important. N'oubliez pas qu'actuellement la location de bien immobilier est très taxée en France, surtout si vous avez une tranche marginale d'imposition élevée.

Pour conclure : par ces différents conseils et informations sur l'achat d'un immeuble de rapport, vous avez toutes les bonnes questions à vous poser afin de travailler au mieux votre investissement. Cela vous permettra d'optimiser votre rentabilité tout en limitant les différents risques inhérents à ce type de projet locatif.

Note importante

Les avantages qui se trouvent dans l'achat d'un immeuble de rapport sont nombreux. Lorsque vous achetez un immeuble, vous aurez plusieurs appartements à l'intérieur et c'est ce qui va rendre les choses attractives parce que vous aurez plusieurs loyers et donc plus de cash-flow.

Autre chose est qu'en général, le prix au mètre carré sera quand même moins cher que pour un appartement. En fait vous allez faire des économies d'échelle sur le prix au mètre carré et donc en général vous allez acheter en dessous du prix du marché et ça c'est une bonne chose parce que dans un futur lointain, on pourra faire une belle plus-value.

L'autre chose intéressante à savoir, c'est que sur le marché des immeubles de rapport, il y a beaucoup moins de monde que pour des appartements du style T4T5. Et c'est vachement intéressant parce qu'il y a beaucoup moins de concurrence et quelqu'un en fait qui va vendre son immeuble va prendre plus de temps et sera donc apte à accepter plus d'offres et à négocier. La négociation, c'est le début de la bonne affaire. Avec les immeubles de rapport, vous avez la possibilité de faire beaucoup de choses, d'agrandir, de créer de nouveaux lots, la surélévation aussi qui est vraiment l'avantage ultime d'avoir un immeuble et il faut quand même se renseigner avec un géomètre. La surélévation est vraiment ce qui va exploser votre rentabilité. Avec les immeubles de rapport, c'est que vous allez répartir les risques. Vous allez avoir plusieurs appartements, c'est -à -dire plusieurs loyers différents et en cas d'impayés, vos autres loyers pourront reprendre le pas sur votre prêt immobilier. En résumé, avec un immeuble de rapport vous répartissez les risques au maximum. Il s'agit là d'un bel investissement.

Cependant, il est important de faire attention car il y a beaucoup trop de dérives sur les immeubles. Les gens achètent parfois des immeubles parce qu'ils voient tout le monde acheter. C'est très déconseillé aux débutants de se lancer dans un immeuble en premier parce que ça demande du recul déjà sur l'investissement immobilier en général et demande aussi un peu d'expérience. Pour acheter votre immeuble de rapport, il faut avant tout aller consulter l'urbanisme de la ville. Si vous souhaitez créer, diviser dans votre immeuble, aller voir l'urbanisme pour voir si vous pouvez le faire ou pas. Il y a trop de personnes qui achètent des biens sans consulter l'urbanisme et au final finissent avec une rentabilité de 7% au lieu de 20% parce qu'ils n'avaient pas pris en compte l'avis de l'urbanisme sur leurs projets. Il faut toujours passer à la mairie pour voir si votre projet est faisable afin d'éviter les erreurs de débutant.

La seconde chose à prendre en compte est que lorsque vous achetez un immeuble et que vous voyez qu'il y a eu des divisions, de la surélévation etc., demandez toujours à voir s'il y a une copropriété ou pas parce que si ce n'est pas le cas, il faudra la mettre en place et donc ce sera à vous d'aller consulter un notaire et de payer tous ces frais.

Le troisième point très important est de ne pas se rendre dans des petites villes. Vous devez rester dans des villes moyennes parce que si vous décidez d'aller dans une ville qui est trop petite, ça va être hyper compliqué pour la vente et sur le long terme la location sera peut-être difficile. Cela peut vous amener à devoir baisser vos loyers, ce qui baisse la rentabilité et il y aura des difficultés à payer son échéance de prêts. Il est bien d'éviter les villes dont la démographique baisse. C'est vrai que certains adorent les petites villes parce que ce n'est pas cher mais c'est une très mauvaise idée si vous avez une vision sur le long terme. C'est préférable d'aller dans une ville qui stagne ou qui est en croissance mais jamais l'inverse.

Chapitre 3 : Les villes à éviter pour un investissement locatif

La loi Scellier cache de vrais pièges ! Presque identique à la loi Robien, la loi Scellier entraîne dans de nombreuses agglomérations une « suroffre » de location. Impossibilité de louer et perte de la défiscalisation, telles sont les conséquences possibles d'un mauvais investissement en défiscalisation Scellier.

Le Crédit Foncier a publié en 2009 une étude relevant au moins 60 villes où l'investissement dans un appartement à louer était devenu compliqué à cause d'une surproduction par rapport à la demande des locataires.

Mise à jour en 2022 : la loi Pinel est moins risquée que la loi Scellier. Cependant, avant d'investir dans l'une de ces 60 villes où l'investissement immobilier est encore souvent risqué, prenez le temps de bien étudier la demande locative du secteur et l'offre de logements en face.

Loi Scellier : les agglomérations éligibles classées à risque

Le Crédit Foncier vient de publier une étude complète qui apporte de nombreuses informations concernant les investissements locatifs en loi Scellier.

Nous renouvelons notre mise en garde contre la loi Scellier qui dès son apparition faisait apparaître autant de dangers que la loi Robien. Pour essayer de limiter les dégâts causés par la défiscalisation en loi Robien, la loi Scellier n'est éligible que sur certains secteurs : les régions classées en zone C sont exclues de ce programme de défiscalisation.

Seulement « à même cause, même conséquence », la loi Scellier n'étant qu'une loi Robien renommée, les mêmes dérives se font déjà ressentir : l'offre locative devient largement supérieure à la demande dans de nombreuses agglomérations. C'est ce que démontre cette étude du Crédit Foncier en classant à risque une soixantaine d'agglomérations françaises.

Les villes classées à risque (les villes non citées ne sont pas exclues pour autant des mêmes risques, elles sont juste moins exposées) : Bailleuil, Saint-Quentin, Charleville, Elbeuf, Châlons-en-Champagne, Forbach, Brest, Saint-Brieuc, Laval, Le Mans, Tomblaine, Erstein, Sélestat, Colmar, Mulhouse, Belfort, Montbéliard, Lorient, Angers, Cholet, Blois, Dijon, Besançon, La Roche-sur-Yon, Niort, Poitiers, Villefranque sur Saône, Bourg-en-Bresse, Angoulême, Limoges, Roanne, Saint-Etienne, Clermont-Ferrand, L'Isle-d'Abeau, Divonneles-bains, Thonon-les-bains, Annemasse, Sillingy, Seynod, Aix-les-bains, Périgueux, Bergerac, Brive, Valence, Montélimar, Gap, Agen, Montauban, Albi, Castres, Alès, Carpentras, Manosque, Salon-de-Provence, Sète, Béziers, Narbonne, Perpignan, Tarbes...

Mise à jour : Attention certaines de ces villes sont toujours éligibles à la loi Pinel en 2022, le dispositif de défiscalisation qui remplace le Scellier...

Vérifiez donc bien la situation de la demande locative dans ces villes et leurs évolutions sur ces dernières années avant d'y investir dans l'immobilier locatif.

Une offre locative non accessible à la demande

L'offre locative qui abonde grâce à cette loi Scellier aurait dû être une bonne nouvelle pour tous ceux qui recherchent une location à prix raisonnable. Or les loyers demandés sont très largement supérieurs à la capacité financière de la demande :

Résultats : les locataires ne trouvent pas de locations qui correspondent à leurs besoins et les investisseurs se retrouvent sans locataire (et donc sans défiscalisation aussi)...

Plusieurs années après, certaines de ces villes souffrent toujours d'un parc immobilier trop important par rapport aux besoins des locataires. Les loyers ont été tirés par le bas et pourtant des constructions voient toujours le jour.

Loi Scellier /Pinel = mauvais investissement ?

Appâtés par la carotte fiscale, de nombreux ménages se sont laissés envouter par les propositions de logement neuf en loi Scellier. Seulement cet investissement se révèle un bien piètre investissement : le taux de rendement locatif brut dans le neuf ressort entre 4 % et 5 %.

Si l'on décompte les frais et charges à retirer de cet investissement et que l'on tient compte de l'évolution de la valeur du bien : la rentabilité globale se retrouve nulle, voire même négative dans de nombreuses agglomérations françaises !

En 2009, nous notions que « la baisse prévisible de l'immobilier va conforter cette tendance dans les mois et années à venir ».

En 2022, face à des taux très bas et à des prix toujours élevés, surtout dans les grandes villes, il faut s'attendre encore à une rentabilité globale très faible en 2022 sur ce type d'investissement locatif.

Pour rappel : tout investissement avec défiscalisation doit avoir un rendement intéressant sans défiscalisation, ne choisissez pas vos placements seulement dans l'optique de diminuer vos impôts. Vous achetez avant tout un logement avec des caractéristiques précises et une valeur propre et souvent avec un crédit immobilier associé. Prêtez-y donc attention comme pour n'importe quel autre investissement immobilier.

Chapitre 4 : Comment choisir une ville rentable pour l'immobilier ?

Choix de la ville rentable dans l'immobilier

Pour trouver une ville rentable en immobilier, il faut prendre en compte l'ensemble des critères suivants :

1) Tu peux viser une population étudiante, c'est -à -dire des étudiants parce que c'est la population la plus sûre car elle a des garants. En général les étudiants ont droit aux appels et ce qui est intéressant c'est que tu peux demander à ce que les appels soient directement versés sur ton compte. Donc concrètement les étudiants, c'est la cible la plus sûre et   surtout la plus rentable parce qu'en colocation tu as trois chambres donc tu as trois loyers, ce qui veut dire que si   jamais un étudiant ne paie pas son loyer, tu as encore deux autres pour payer ton échéance de prêt car en général deux loyers suffisent amplement à payer ton échéance de prêt.

2) Il faut prendre en compte le prix au mètre carré. Ce qui est conseillé est de 1500 euros, ça doit être la moyenne auquel tu dois acheter tes biens immobiliers parce qu'à 1500 euros du mètre carré, il y a moyen que tu te dégages un très bon cash-flow et puis ce sera un montant qui ne sera pas très élevé et donc plus facilement finançable par la banque.

3) Le prix moyen de la colocation. Comme c'est dit plus tôt, il faut absolument que tu vises uniquement la colocation.   Maintenant il est aussi important de

connaître les prix moyens qui sont donnés en location. Et pour connaître justement ces loyers moyens, c'est conseillé d'aller directement sur leboncoin.com et d'aller chercher.

4) Le quatrième point important à considérer est l'évolution de la démographie. C'est super important que tu regardes quel type de ville ou tu te places. Est-ce qu'il y a plus de retraités que de jeunes actifs ? Plus d'actifs que d'étudiants ? Il faut que tu évites les villes qui vieillissent beaucoup trop rapidement.

5) Les attraits de la ville constituent un critère très capital à prendre en compte. Est-ce que la ville est qualitative ? Est-ce que la ville prévoit de nouveaux moyens de transport ? Est-ce qu'elle a un musée ? Est-ce que c'est une ville touristique ? Est-ce que les collectivités en place prévoient de développer le parc à côté, etc. Il est indispensable de connaître les points positifs et négatifs de la ville dans laquelle tu investis pour pouvoir te projeter plus tard sur une potentielle plus intéressante.

5) La concurrence doit être maîtrisée. Il faut savoir sur quel marché se placer car s'il y a beaucoup trop de concurrence, beaucoup trop de personnes en compétition pour de la location alors bien de vendeurs sont aujourd'hui sans locataire ou sans colocataire ayant beaucoup de mal à faire louer. Vous devez absolument vous mettre en tête que la concurrence est partie prenante de votre étude de marché et que vous devez absolument la prendre en compte dans tous vos

calculs. N'allez pas sur des marchés très concurrentiels. C'est conseillé de rester sur des marchés qui sont ouverts à de nouveaux arrivants et il en existe encore beaucoup en France et dans d'autres pays.

Chapitre 5 : Bail de location d'appartement

Le bail d'habitation est un contrat de location conclu entre un locataire et un propriétaire pour la location d'un appartement ou d'une maison. Le bail est un document important.

Que vous soyez locataire ou propriétaire il est primordial de bien rédiger un bail locatif avec tous les éléments de la location : loyer, durée, frais, état des lieux, augmentation du loyer, etc.

Le bail d'habitation : votre contrat de location

Le contrat de location, aussi appelé bail, permet d'établir par écrit les droits et obligations d'un locataire et d'un propriétaire pour louer un logement. C'est la loi du 6 juillet 1989 qui régit les locations à usage d'habitation : elle encadre le contenu des contrats portant sur des logements loués non meublés.

Le contrat locatif peut être rédigé gratuitement entre particuliers en se basant sur des modèles types de bail de location. En revanche, la rédaction d'un contrat de location par un agent immobilier, un administrateur de biens ou un notaire est un service payant. Les frais de rédaction d'un contrat locatif sont généralement partagés par le locataire et le propriétaire bailleur.

Baux de location pour des logements meublés

Dans le cas d'une location meublée, ce n'est plus la loi du 6 juillet 1989 qui régit les contrats mais les obligations sont de plus en plus strictes. L'appartement est dit meublé quand il dispose d'un mobilier suffisant pour répondre aux besoins de la vie courante du locataire. Le bail de location meublée est donc différent d'un bail pour un logement vide ou non meublé. Il doit notamment y figurer la liste du mobilier de l'habitation mis à la disposition du locataire.

Bail locatif : modèle de lettre de contrat de location gratuit

Lors d'une location de particulier à particulier, la rédaction du bail peut se faire gratuitement entre le locataire et le propriétaire. Pour cela, les particuliers concernés peuvent se fournir un modèle type de lettre de bail de location gratuit.

Vous trouverez sur Internet différents exemples gratuits de lettres de bail de location. Attention, ils ne sont pas tous conformes à la réglementation en cours en 2022. Voici une ressource fiable pour créer votre bail de location très facilement et en quelques minutes :

Télécharger un modèle de contrat de location gratuit : différentes configurations possibles (location meublée ou vide, locataire standard, colocation ou logement étudiant, etc.)

En option, vous avez la possibilité de sécuriser davantage votre contrat locatif en ajoutant différentes clauses importantes en cas de litiges ultérieurs et de bénéficier d'un service de gestion locative gratuit pendant 3 mois. Nous vous recommandons vivement d'étudier les avantages que cela procure par rapport au faible coût d'une rédaction plus complète et bien plus sécurisante pour le propriétaire investisseur.

Si vous êtes propriétaire bailleur, vous pourrez également télécharger un modèle de quittance de loyer gratuit.

Pour toute mise en location d'un appartement ou d'une maison vous devez également ajouter en annexe du bail différents diagnostics techniques obligatoires. Ces documents attestent de l'état de différents éléments du logement et des recommandations pour des améliorations.

L'utilisation de bons documents est une des 6 étapes pour mettre en location un appartement pour un investisseur.

Les éléments obligatoires du contrat d'un logement vide

Le contrat locatif doit contenir différents éléments obligatoires. D'autres éléments facultatifs peuvent être ajoutés à condition de ne pas être interdits (voir ci-dessous).

Liste des clauses obligatoires d'un bail locatif :

- Nom et adresse du locataire et du propriétaire,
- Adresse du logement loué,
- Nature de l'habitation : studio, appartement, maison et tous les éléments qui définissent le logement (nombre de pièces, jardin, parking, garage, numéro du lot, étage et description de toutes les parties communes.),
- La durée du bail (généralement 3 ans pour une location vide pour un particulier, voir les cas particuliers où le préavis est réduit à 1 mois),
- La date de prise d'effet de la location,
- L'utilisation des lieux (location à usage d'habitation, professionnel ou mixte),
- Le montant du loyer,
- Les modalités de révision du loyer,
- Le montant du dépôt de garantie,
- Une clause informant des conditions de réception des services de télévision, par voie hertzienne ou numérique (TNT) (depuis le 1er mai 2007).

Un état des lieux d'entrée doit également compléter tout contrat de location.

Le bailleur ne peut pas exiger n'importe quoi

Le propriétaire bailleur ne peut pas vous demander n'importe quel document pour vous louer un appartement ou une maison. En effet, la liste des éléments qu'il est interdit de demander ne cesse d'augmenter en vue de protéger la vie privée des locataires.

Voici une liste des interdits d'un contrat de location :

- Une photographie d'identité,
- Une photocopie de son relevé de compte bancaire ou postal,
- Un contrat de mariage ou un certificat de concubinage,
- Un dossier médical personnel,
- Obliger le locataire, en vue de la vente ou d'une relocation à laisser visiter le logement les jours fériés ou pendant plus de deux heures les jours ouvrables,
- Un jugement de divorce,
- Une autorisation de prélèvement automatique,
- Une carte d'assuré social,
- Imposer au locataire la souscription d'un contrat auprès d'une compagnie d'assurances choisie par le propriétaire,
- Une attestation de bonne tenue de compte ou d'absence de crédit,
- Un extrait de casier judiciaire,
- Un chèque de réservation de logement,
- Une garantie de plus de deux bilans pour un travailleur indépendant,
- Une attestation de son employeur (si le contrat de travail et les bulletins de salaire ont été fournis),
- Une attestation du précédent propriétaire bailleur (si des quittances de loyer ont été présentées),

- etc.

Une nouvelle loi vient d'être votée pour protéger davantage les locataires : possibilité d'obtenir une baisse de loyer si la taille de l'appartement s'avère inférieure, indemnités pour retard de remboursement de la caution, etc.

Que ce soit à l'entrée ou à la sortie d'un logement, vous aurez besoin de télécharger un modèle d'état des lieux et de bien savoir le remplir correctement pour éviter toutes complications entre propriétaire bailleur et locataire.

Chapitre 6 : La loi ALUR

La loi ALUR est officiellement entrée en vigueur. Cette loi a été promulguée dans le Journal Officiel du 26 mars 2014. De ce fait de nombreuses mesures sont d'ores et déjà applicables depuis le 27 mars 2014, et pas des moindres. En revanche, certaines mesures phares comme l'encadrement des loyers ou la GUL devront faire l'objet de décrets d'application ultérieurs.

Retrouvez les dates d'application des différents changements de la loi ALUR aussi bien pour les locataires, les bailleurs que pour les acquéreurs et les vendeurs de biens immobiliers.

Le long parcours pour la mise en application de la loi ALUR

Depuis son entrée dans le gouvernement de François Hollande à la tête du ministère du Logement, Cécile Duflot travaille sur un projet global de mise à jour de la réglementation générale du logement et de l'urbanisme. Après avoir eu un peu plus d'un an pour dresser les grandes lignes de son projet de loi ALUR, Cécile Duflot l'a présenté en Conseil des ministres le 26 juin 2013.

Ce sont ensuite l'Assemblée Générale, le 19 février 2014, puis le Sénat, le 20 février 2014, qui ont adopté définitivement les mesures que contient cette loi ALUR. L'examen du Conseil Constitutionnel le 20 mars a conduit à une promulgation de la loi le 24 mars 2014. Celle-ci a ainsi pu être publiée au Journal Officiel le 26 mars dernier. Il y a eu différents changements apportés par rapport à la proposition initiale de Cécile Duflot comme nous les avons reportés dans notre article sur le vote définitif de la loi ALUR.

Dans son volet définitif, la loi ALUR contient 175 articles. Vous pouvez en retrouver la publication « JORF n°0072 du 26 mars 2014 page 5809 ». Elle porte le nom officiel de « LOI n° 2014-366 du 24 mars 2014 pour l'accès au logement et un urbanisme rénové » et vous pouvez en retrouver le contenu complet sur legifrance.gouv.fr.

L'ANIL (l'Agence Nationale pour l'Information sur le Logement) a publié un guide complet de 92 pages pour expliquer chacun de ces changements.

Il convient donc de mettre à jour ses connaissances en droit immobilier que cette loi modifie dans de grandes largeurs.

Quelles sont les mesures qui sont immédiatement applicables ?

Une part importante des dispositions prises par ce texte de loi sont soumises à des décrets et à des arrêtés à venir ultérieurement. Néanmoins, certaines dispositions sont déjà applicables depuis le 27 mars 2014.

D'après PAP.fr, en voici les principales qui concernent aussi bien les locataires que les propriétaires bailleurs ainsi que les professionnels du secteur (agences immobilières, syndics, etc.) :

Pour le bail de location pour un logement vide, il faudra désormais préciser dans le contrat la surface habitable du logement ainsi que le loyer payé par l'ancien locataire. Le locataire pourra faire valoir une réduction du loyer en cas d'erreur de plus de 5 % sur la surface réelle du bien. Il aura également le pouvoir de compléter à son initiative l'état des lieux d'entrée dans les 10 jours suivants la rédaction de celui-ci.

- La possibilité pour un propriétaire bailleur de réviser le loyer en fonction de l'indice de référence des loyers (IRL) sera limitée dans un délai d'un an. Ceci est un changement majeur car auparavant le bailleur pouvait réclamer jusqu'à 5 ans de hausse rétroactive du loyer comme s'il avait été révisé du maximum légal tous les ans. Profitez de cela et du contexte de baisse des loyers pour négocier une non-augmentation voire une baisse de votre loyer.
- La prescription pour les impayés de loyer et de charges est réduite à 3 ans contre 5 ans auparavant. Si vous êtes un propriétaire bailleur qui connaît des difficultés pour percevoir des loyers ou des charges, ne tardez pas pour réagir.
- Pour une location meublée, le dépôt de garantie sera désormais limité à 2 mois de loyers hors charges. Cela reste à 1 mois pour les locations

vides. Dans toutes les situations, ce dépôt de garantie doit être restitué dans un délai d'un mois si le logement est rendu en bon état ou dans un délai de deux mois s'il y a eu des dégradations qui ont été constatées dans l'état des lieux de sortie. Les pénalités en cas de retard dans ce remboursement s'élèvent à 10 % des sommes dues par mois de retard. Voici la démarche à suivre en cas de problème de remboursement de caution.

- Le préavis de location est réduit à 1 mois contre 3 auparavant pour les locations vides situées dans une grande agglomération où le secteur du logement est tendu. La liste des communes concernées doit encore faire l'objet d'un décret. Pour les autres secteurs géographiques, la liste des situations ouvrants droit à un préavis de location réduit à 1 mois est complétée par les locataires qui bénéficient d'une allocation adulte handicapé ainsi qu'à ceux qui obtiennent un logement social ou à ceux dont l'état de santé justifie un changement de domicile et cela quel que soit leur âge.

- Les locataires âgés bénéficient d'une meilleure protection contre le congé donné par le propriétaire bailleur. Ce dernier devra obligatoirement vous proposer une solution de relogement pour tous les locataires qui perçoivent moins de 1.5 SMIC et qui ont plus de 65 ans (contre 70 ans auparavant).

- Par ailleurs, le propriétaire qui donne congé pour une reprise du logement par lui-même ou un membre de sa famille devra davantage justifier cette situation (nom et adresse du bénéficiaire, preuve du lien de parenté, justificatif du caractère réel et sérieux de la reprise).

- Les biens à vendre qui font partie d'une copropriété doivent contenir dans leurs annonces immobilières des renseignements obligatoires sur ces points : la mention du fait que ce logement est soumis au statut de la copropriété, le nombre de lots, le montant moyen annuel de la quote-part du budget prévisionnel, et si le syndicat fait l'objet de procédures de sauvegarde (cela permet notamment de repérer les copropriétés en difficulté).

Par ailleurs, les documents que nous vous recommandions de demander avant d'acheter en copropriété vont désormais être obligatoirement annexés au compromis de vente : les procès-verbaux des assemblées générales des 3 dernières années si le vendeur en dispose, le montant des charges courantes du budget prévisionnel et des charges hors budget prévisionnel payées pour le lot au titre des deux exercices comptables précédant la vente, les sommes pouvant rester dues par le vendeur au syndicat des copropriétaires et les sommes qui seront dues au syndicat par l'acquéreur, ainsi que l'''état global des impayés de charges au sein du syndicat et de la dette vis-à-vis des fournisseurs. Le délai de rétractation de 7 jours ne commencera qu'à partir du moment où tous ces documents seront bien annexés au compromis de vente en plus des diagnostics techniques obligatoires.

Attention donc à bien prendre tout cela en compte lors de la rédaction des nouveaux contrats de location et de vente.

D'autres changements devront attendre un décret d'application

Certaines mesures parmi les plus importantes de cette loi ALUR ne sont pas encore applicables. Elles devront toutes faire l'objet d'un décret d'application qui en précisera les détails. Cela concerne notamment :

Tout ce qui touche à l'encadrement des loyers : les loyers seront plafonnés en fonction d'un loyer médian de référence pour ce type de bien et ce secteur géographique. De plus, l'augmentation de loyers lors du changement de locataire sera beaucoup plus strictement contrôlée qu'auparavant. Attention, seuls les nouveaux contrats de locations seront concernés par cet encadrement des loyers dès que cette mesure sera applicable. Ainsi les baux actuels et ceux reconduits tacitement ne seront pas sujets à ces limitations. Mise à jour le 1er septembre 2014 : finalement les loyers ne seront pas encadrés, sauf à Paris à titre expérimental. Les loyers parisiens sont plafonnés depuis le 1er août 2015.

La Garantie Universelle des Loyers (GUL) qui a fait l'objet des plus forts rebondissements sera bien gratuite mais elle ne sera pas obligatoire comme cela était prévu initialement. Elle ne sera pas mise en place avant le 1er janvier 2016. Mise à jour le 1er septembre 2014 : finalement la GUL sera recentrée sur les jeunes salariés et les précaires.

D'ici cet été, des décrets devraient être communiqués pour les modèles officiels de contrats de location vide ou meublée ainsi que d'états des lieux.

Cécile Duflot a quitté le gouvernement en même temps que Jean-Marc Ayrault. C'est désormais Sylvia Pinel qui reprend le poste de ministre du Logement. Ce sera donc elle qui aura la charge de poursuivre et de finaliser les mesures non encore applicables de la loi ALUR.

Pour en savoir (beaucoup) plus sur tous ces changements pour la réglementation pour le logement, retrouvez tous nos conseils et informations sur la location d'appartement. Regardez notamment ces 7 cas qui vous permettent de quitter votre location en 1 mois seulement.

PARTIE 4 : COMMENT REUSSIR L'ACHAT ET LA REVENTE DES PROPRIETES ?

Chapitre 1 : Achat et Revente des propriétés

Bien que l'achat et la vente de biens immobiliers excédentaires ne soient plus aussi populaires qu'avant, c'est toujours l'un des moyens les plus sûrs de gagner de l'argent sur le marché immobilier et éventuellement de vivre des loyers, surtout si vous avez le talent.

Acheter une propriété rentable et la revendre rapidement avec profit demande de la passion et de l'engagement, c'est comme si la maison était votre toile et que vous étiez le peintre.

Comment vous voulez arriver ? Si vous êtes propriétaire de votre propre maison, il est également utile de savoir si vous disposez d'une valeur nette suffisante pour acheter une autre maison.

Lors de l'achat et de la revente d'un bien immobilier de valeur, une étape de réflexion vous donne une longueur d'avance dans le processus.

Ces experts immobiliers suggèrent également que les personnes qui pensent pouvoir gagner rapidement de l'argent en achetant un bien immobilier surcapitalisent souvent les coûts de construction. Le nettoyage intérieur et l'élagage extérieur d'arbres et d'arbustes peuvent mettre de l'ordre dans une propriété et augmenter sa valeur à peu ou pas de frais.

Déterminez par où commencer

Comme toute autre entreprise, l'achat et la revente de biens immobiliers comportent des risques. Étant donné que votre objectif est de vendre et de profiter de la propriété dès que la rénovation est terminée, l'emplacement est un facteur important à considérer.

"Examinez les données telles que les demandes du marché et les taux de règlement des enchères pour vous assurer que c'est le cas. L'emplacement est un facteur clé dans la valeur marchande d'une propriété. Analysez attentivement les marchés régionaux. Comparez les prix au m2 par ville. Consultez régulièrement les annonces immobilières par région. Il s'agit d'identifier rapidement les villes ayant le potentiel de valorisation le plus élevé sur une période de quelques années seulement. Anticipez l'attractivité et le développement d'une ville ! Regard sur l'horizon non pas à 5 ans, mais à 50 ans : La ville a-t-elle des projets aussi ambitieux en matière d'aménagement urbain, de Smart City, d'écologie ? Investir dans la ville idéale du futur, également dans le cadre d'une revente, permet donc de consolider son investissement immobilier et de miser sur une forte évolution de la valeur vénale du bien. Vous pouvez jouer avec la plus-value de votre bien et discuter des possibilités.

Renseignez-vous auprès des bonnes personnes

L'achat et la revente de biens immobiliers ne sont pas l'affaire d'un seul homme, grâce aux efforts que vous faites non seulement en tant qu'investisseur mais aussi en tant que vous tous qui demandez de l'aide, vous serez donc gagnant. En votre faveur, vous devez vous entourer d'une équipe de professionnels chevronnés qui vous permettront d'atteindre votre but ultime.

Chapitre 2 : Vente des maisons

Si vous pensez que la seule façon de vendre votre maison plus rapidement est de baisser le prix, détrompez-vous. Il existe d'autres moyens de vous aider à trouver rapidement le bon acheteur. Une maison aurait été sur le marché pendant environ six mois avant qu'un acheteur ne soit trouvé. Parfois, cela dure encore plus longtemps, ce qui peut être gênant lorsque vous avez besoin d'argent.

Bien que baisser le prix puisse être le moyen le plus simple de vendre votre maison, ce n'est pas toujours une décision judicieuse. Pourquoi vendriez-vous votre maison à bas prix ? Vous pouvez utiliser d'autres techniques pour vendre votre maison plus rapidement. Sans plus tarder, voici quatre conseils pour vendre votre maison plus rapidement.

Rencontrer un agent immobilier

Si vous cherchez à vendre votre maison par vous-même sans aucune connaissance du marché immobilier et des propriétés, vous allez vous retrouver du mauvais côté de la transaction. Pour résoudre ce problème, trouver un agent immobilier est la meilleure option.

Pour en trouver un, effectuez une recherche sur Internet et filtrez les fournisseurs réputés. Vous pouvez facilement lire les témoignages et voir ce que les autres clients ont à dire sur un agent pour témoigner. C'est une situation où un acheteur choisit une maison pour ce qu'elle est. Cela permet de gagner du temps et d'éviter les travaux autour de la maison.

Les améliorations de l'extérieur

Bien que les propriétaires portent une attention particulière à l'intérieur de leur maison, l'extérieur est souvent laissé tel quel, un élément essentiel pour attirer l'attention des acheteurs. Plus un jardin est vert et soigné, meilleure sera l'impression pour l'acheteur. Assurance avant-vente. Des paysages comme un patio ou une allée simplement décorée peuvent également faire des merveilles pour impressionner les acheteurs.

Les améliorations intérieures

Les professionnels disent que les intérieurs endommagés peuvent réduire considérablement la valeur de votre maison et même effrayer les acheteurs potentiels. Pour éviter que cela ne se produise, résolvez tous les problèmes mineurs que vous pourriez avoir dans votre maison, tels que les fuites, les fissures, les murs brisés et d'autres choses que l'œil nu ne peut pas voir.

Vous voulez vous assurer que la maison que vous vendez fait bonne impression. Cherchez des fuites dans votre sous-sol et vérifiez si votre toit est endommagé. Si vous pensez que des réparations sont nécessaires, faites-le immédiatement.

Rangez bien votre maison

Les meubles en désordre et poussiéreux ne vous aideront pas à faire une bonne affaire, c'est simple. De nombreux propriétaires négligent la nécessité de nettoyer le désordre et laissent la maison sale.

Préparez vos documents

Assurez-vous que tous les documents sont prêts. Par exemple, si vous avez hérité d'une maison, vous aurez besoin d'un certificat d'héritage avant de finaliser la vente de maison dont il a hérité. De même, si vous vendez ensemble, vous devrez remplir les papiers de propriété etc.

Chapitre 3 : Démarches de location d'appartement

Vous envisagez de rénover votre ancien appartement, vous êtes nouveau propriétaire d'un logement que vous souhaitez rentabiliser, vous souhaitez le louer sur le long terme, mais vous ne savez pas comment vous y prendre ? ?

Ne vous inquiétez pas, afin de vivre des revenus de votre propriété, la location d'appartements à long terme est une excellente stratégie, nous vous résumons ici les étapes les plus importantes :

1. Préparer votre maison à louer

Après avoir bien réfléchi à votre projet de location, s'il s'agit d'un appartement ancien, donnez-lui un coup de jeune, pour ce faire réparez tout ce qui est cassé, dépersonnalisez la décoration.

Assurez-vous que les équipements de confort obligatoires (eau potable, assainissement, chauffage, cuisine, etc.) fonctionnent pour que le logement soit en « bon état ».

Réalisation des diagnostics immobiliers nécessaires à la location. Les diagnostics à analyser sont : les risque naturels et technologiques, le risque d'exposition au plomb, le diagnostic de performance énergétique, le diagnostic électricité et gaz et l'état des nuisances.

2. Pensez à fixer le loyer

Pour déterminer le loyer, s'appuyer sur des critères tels que :

- La situation géographique du logement,
- Sa superficie bâtie,
- La qualité du mobilier et des équipements mis à disposition (en cas de location meublée),
- Les éléments tels que le nombre d'étages, en plus du barème local,
- La présence ou l'absence d'un ascenseur,
- Le détail des charges.

Le bon bilan, c'est aussi de trouver le juste équilibre entre payer un loyer suffisamment élevé pour rentabiliser son appartement sans risquer qu'il soit vacant.

3. Partagez votre offre pour trouver le bon locataire

Pour trouver un locataire, publiez une annonce avec votre logement en mettant l'accent sur les points culminant :

- La superficie de l'appartement et du terrain,
- La présence d'un jardin ou d'une place de parking,
- Le loyer souhaité,
- La photo mettant en avant les points forts de la maison,
- Le nombre de pièces, d'étages,
- Et vos données

Déposez votre annonce dans les commerces proches de chez vous ou publiez-la sur Internet. Il existe plusieurs sites spécialisés dans ces annonces (Paruvendu.fr, ...)

4. Budget et quotas locatifs

Les revenus locatifs sont imposables (notamment avantages commerciaux) et à 30% non meublés). Ou vous déduisez simplement les frais réels encourus. Vous payez également la taxe foncière et, le cas échéant, la taxe d'élimination des déchets de maison.

5. Pensez aux éventuelles réparations et incidents

N'oubliez pas que des problèmes tels que dégâts des eaux, obsolescence locative peuvent survenir en cours de location, il vous appartient de les prévoir et prévoir, si ces travaux sont réalisés en présence du locataire, de les remplacer, si la perturbation provoquée dure plus de 21 jours.

Il peut également arriver que certains travaux (par exemple dans le secteur de l'énergie) entraînent une réduction des charges du locataire.

Chapitre 4 : Tirer le meilleur parti de son investissement immobilier

« Nous cherchons à construire une maison, mais nous allons l'utiliser comme un investissement. Que pouvons-nous faire pour tirer le meilleur parti de notre investissement ? »

Ne vous laissez pas guider par votre cœur lorsque vous construisez un immeuble de placement. Tenez compte des besoins des futurs locataires. Construire une nouvelle maison peut être une stratégie intelligente, car c'est souvent la plus attrayante pour les locataires et peut présenter moins de problèmes d'entretien. De nombreux facteurs sont à prendre en compte pour vous assurer de tirer le meilleur parti de votre investissement immobilier et pourquoi pas vivre de ses revenus.

Concevez la propriété pour votre locataire

Construisez la propriété que vos locataires préfèrent, pas celle que vous voulez. Considérez le type de locataires que vous souhaitez attirer et choisissez un aménagement qui répond à leurs besoins. Les familles peuvent avoir besoin de plus d'une chambre. Et de grands espaces de vie. Les couples peuvent vouloir une unité plus petite. Tenez également compte du plan d'étage de la maison, par ex. B. à quel point les chambres sont proches les unes des autres. Cela facilite la vie des locataires et des propriétaires tout en minimisant les efforts et les coûts : par exemple, les sols durs tels que les carreaux sont souvent plus faciles à nettoyer que les tapis.

Pensez au jardin

Ne vous concentrez pas uniquement sur la maison, négligez les aménagements extérieurs, les allées et aires de jeux cimentées ou pavées demandent moins d'entretien que la pelouse, les feuilles tombent. De plus, s'ils sont laissés sur place, ils peuvent présenter un danger pour la sécurité.

Recrutez un gestionnaire immobilier

Si vous avez construit une nouvelle maison, la meilleure façon de vous assurer que vos locataires en prennent bien soin est d'engager un gestionnaire immobilier. Il effectuera des inspections régulières de la propriété, contribuera aux besoins d'entretien et assumera toutes les responsabilités. Il pourra aussi trouver un bon locataire.

Faire un bon choix de la bonne police d'assurance habitation

L'assurance habitation vous offre la tranquillité d'esprit et offre un filet de sécurité financière pour votre nouvelle propriété. Trouvez une police d'assurance qui vous protège contre les dommages accidentels et malveillants, la perte de revenus locatifs et la responsabilité du propriétaire. A partir d'une tasse de café par semaine, vous pouvez protéger vos revenus locatifs.

Chapitre 5 : Comment construire un patrimoine immobilier colossal ?

Cette question mérite très bien d'être traitée car elle est beaucoup importante. Pour commencer à faire grossir son patrimoine, il faut commencer par des biens qui vous rapportent du cash-flow car le l'argent est le roi. Avec les revenus et des rentes qui rentrent mensuellement dans votre compte vous aurez la possibilité d'emprunter rapidement, ce qui sera vraiment la clé pour se construire un patrimoine immobilier colossal. C'est donc la raison principale pour laquelle vous devez gagner de l'argent et cela nécessite que vous commenciez avec des colocations. Ce qui est désiré est d'avoir plusieurs loyers, au moins trois par appartement. Vous pouvez avoir aussi d'autres types de location comme les locations saisonnières qui peuvent vous permettre d'avoir aussi de cash-flow. La colocation suffit très bien pour avoir de belles rentes mensuelles et une belle rentabilité. Donc la première règle est d'essayer de multiplier ses loyers et son cash-flow. La règle deux consiste à épargner. Faites l'effort de ne pas tout dépenser tous les mois. Au moins vous devez épargner 10% de ce que vous gagnez.

Lorsque vous épargnez, la banque peut voir que vous gagnez de l'argent. En effet, la banque constitue l'acteur principal pour faire grossir le patrimoine. C'est la raison pour laquelle vous devez lui montrer que vous savez gagner de l'argent avec l'immobilier et que vous savez épargner tous les mois. Ce n'est pas parce qu'on gagne 1000 euros par mois avec l'immobilier qu'on va dépenser ces 1000 euros dans leur intégralité. Il faut mettre la moitié à la banque et plus vous mettez de l'argent de côté à la banque, plus la banque aura confiance pour vous prêter et plus vous pourrez emprunter, plus vous pourrez faire grossir votre patrimoine et engendrer du cash-flow.

La troisième règle importante consiste à privilégier les opérations qui nécessitent plus de travaux c'est-à-dire de l'agrandissement, de la division, de la création peut-être même de la surélévation parce que ces types d'opérations vous permettront d'avoir plus de cash-flow ou plus de cash si vous faites une achat-revente. Et plus vous avez du cash-flow et plus vous avez de l'argent a montré à la banque, plus la banque pourra vous prêter et vous pourrez avancer plus rapidement.

Un autre point très important est les achats-reventes. Au bout d'un moment, il faudra vous diversifier et faire autre chose que les colocations. L'achat-revente vous permet d'avoir du gros cash rapidement si bien sûr on sait les faire et c'est la raison pour laquelle c'est déconseillé aux personnes qui se lancent pour la première fois dans l'immobilier de faire de l'achat-revente. C'est mieux d'attendre d'avoir acheté au moins deux biens, peut-être même trois biens avant de se lancer dans un achat-revente parce que ça nécessite quand même un peu d'expérience sinon vous allez vous brûler les ailes à se lancer trop rapidement. L'expérience compte avant de se lancer sur l'achat-revente mais n'oubliez pas et gardez le dans un coin dans votre tête que l'achat-revente est indispensable pour se faire de l'argent. Si vous souhaitez avancer rapidement, l'achat-revente vous permettra de gagner littéralement l'équivalent peut-être de deux ans de loyer en colocation en l'espace de 6 mois à un an. Et c'est la raison pour laquelle cette opération est importante. C'est aussi pourquoi à chaque nouvelle opération on va essayer de faire mieux que la précédente. On va vraiment essayer à chaque fois de monter un level lorsqu'on va acheter. Le but sera à chaque fois de multiplier votre cash-flow.

Une autre règle à ne pas ignorer est l'association. Si vous souhaitez avancer rapidement et faire vraiment de très grosses affaires, au bout d'un moment il faudra s'associer. Cela peut être avec un ami, ça peut être avec la famille, avec des personnes qui auront les mêmes ambitions que vous et qui voudront aller aussi loin que vous. Il faut absolument vous associer pour pouvoir emprunter plus. Lorsqu'on emprunte à deux, forcément on pourra faire plus de grosses affaires c'est-à-dire avoir plus de cash-flow. Et comme cash is King, ça devient très intéressant et c'est la raison pour laquelle plus tard il faudra se poser cette question : est-ce bien de s'associer ? Ce n'est pas obligatoire de s'associer pour avancer mais seul on va plus vite mais à deux on va plus loin. Cela pourrait être sous l'intermédiaire d'une SCI par exemple ou une entreprise mais clairement vous associer avec quelqu'un qui a de bons revenus est bien. Il ne faut pas s'associer avec n'importe qui mais plutôt avec quelqu'un qui a de bons revenus et qui pourra vous apporter un plus. Ce qui nous permettra de nous propulser rapidement.

Une autre règle très importante est la déclaration d'impôt. Trop de gens cachent leurs revenus, ils cachent leur loyer, cachent ce qu'ils gagnent alors que c'est vraiment bête parce qu'à force de vouloir payer peu d'impôts et de mentir aux impôts, on y perd beaucoup. Ce qu'on perd est beaucoup parce qu'on lorsque vous allez vouloir emprunter à la banque, il faudra leur montrer votre avis d'imposition. Si vous avez passé votre temps à mentir et à ne pas tout déclarer, forcément il va manquer de l'argent et donc peut-être que vous ne pourrez pas emprunter autant que ce que vous auriez voulu. C'est la raison pour laquelle il faut tout déclarer. Déclarer tous vos revenus car ce que veut la banque, c'est des personnes qui gagnent bien leur vie et qui ont de bons revenus stables. Si vous commencez à cacher vos revenus, à les dissimuler, vous vous mettez des bâtons dans les roues. Il revient donc que vous soyez honnête et vous pourrez emprunter beaucoup plus que si vous ne l'êtes pas. Il est également clair que si on veut vraiment construire rapidement et avoir un patrimoine immobilier colossal, ce qu'il faut aussi faire c'est de diversifier ses revenus.

Chapitre 6 : Le prêt immobilier à taux fixe

Pour les investisseurs cherchant à gagner leur vie, ou plus généralement, pour les particuliers cherchant à acquérir leur résidence principale, le recours à un crédit immobilier est nécessaire. Mais faut-il opter pour des taux fixes ou variables ? C'est une question à laquelle la plupart des emprunteurs ont du mal à trouver une réponse.

Lorsque vous choisissez un prêt immobilier, il est important de peser vos options pour vous assurer de ne pas dépasser votre budget dans le processus de remboursement. Choisir entre des taux fixes et des taux variables peut signifier des milliers de dollars d'économies. Les taux fixes plaisent à la plupart des emprunteurs, en particulier ceux qui sont soucieux de leur situation financière. Il est conseillé aux primo-accédants de faire de même afin de pouvoir organiser facilement leur budget et maîtriser leurs remboursements. Avant de décider de déterminer votre taux hypothécaire, tenez compte de certains facteurs.

Choisissez de bloquer votre taux d'intérêt pour une période de trois à cinq ans. Pour une protection maximale, assurez-vous de ne sécuriser le versement de votre prêt que pendant trois à cinq ans. Ne vous embêtez pas à le faire pendant seulement deux ans. Il ne vous protège pas des hausses de taux. Si les taux baissent, vous devrez conserver le vôtre jusqu'à la fin de votre période de taux fixe, ce qui signifie que vous ne pourrez pas profiter de la baisse.

Un taux d'intérêt fixe est également déconseillé si vous ne souhaitez pas être bloqué par un prêteur (une banque ou un institut spécialisé) ou un produit hypothécaire spécifique, car une fin prématurée de votre taux d'intérêt fixe entraîne généralement des frais de rupture élevés. Renseignez-vous auprès de vous sur les options de taux fixes flexibles qui vous permettent d'effectuer des copaiements jusqu'à un montant annuel fixe.

D'un autre côté, bloquer votre tarif lors de la planification d'une vente ne fera que nuire à votre budget. Le refinancement de votre prêt immobilier n'est pas non plus une bonne idée si vous le faites pendant la période à taux fixe. Les projets de rénovation ou la construction d'une nouvelle maison sont par exemple.

Les frais de dépannage sont les frais encourus à la fin de votre contrat de prêt hypothécaire à taux fixe. Ces frais sont facturés par les banques car elles empruntent généralement sur les grands marchés monétaires.

En bref, les banques se financent à taux fixe auprès d'un tiers. Si vous résiliez votre contrat, votre banque subit une perte. Selon la loi, vous avez le devoir de les indemniser. Les prêteurs calculent le coût de ce montant est multiplié par le montant du prêt et la durée restante du contrat. La procédure est compliquée, mais elle est donnée dans ce dernier.

Fixer le taux d'intérêt sur une partie de votre prêt.

Pour bénéficier de la stabilité d'un taux fixe et de la flexibilité que seul un taux variable peut offrir, optez pour un prêt fractionné, où vous pouvez fixer un taux sur une partie seulement de votre prêt.

La partie fixe vous offre toujours la même protection

Chapitre 7 : Les diagnostics immobiliers obligatoires pour vendre un bien

La liste des diagnostics immobiliers obligatoires pour la vente d'une maison ou d'un appartement ne cesse de s'agrandir. Voici la description de chaque document que vous devez obligatoirement fournir pour pouvoir vendre votre logement. C'est ce qui constituera le dossier de diagnostic technique de votre compromis de vente.

Cet acte sera réalisé pour le propriétaire par un diagnostiqueur professionnel qui aura passé une certification d'après le code de la construction et de l'habitation.

Dix diagnostics obligatoires pour la vente d'un logement

Avant de mettre en vente votre bien, vous devez faire réaliser plusieurs diagnostics immobiliers. Il s'agit de documents établis par des diagnostiqueurs professionnels qui vont réaliser des analyses techniques de votre bien. Ces documents permettent d'informer les potentiels acquéreurs sur les caractéristiques et l'état du bien mis en vente. Le but est de mesurer le risque d'un bâtiment, d'analyser les éléments de sécurité de vos installations.

Pour pouvoir vendre sa maison ou son appartement, voici les 10 diagnostics immobiliers obligatoires à réaliser par le vendeur pour l'acquéreur :

- Le diagnostic loi Carrez
- Le diagnostic performance énergétique du bâtiment
- Le diagnostic amiante
- Le diagnostic plomb
- Le diagnostic termites
- Le certificat d'état des risques naturels
- Le diagnostic gaz
- Le diagnostic électrique
- Le diagnostic pour assainissement non collectif
- L'information sur les mérules.

Ces diagnostics sont à des prix différents et non négligeables quand on additionne le coût de chacun de ces contrôles obligatoires. Certaines entreprises spécialisées dans les diagnostics peuvent vous proposer de réaliser l'ensemble de ces dix diagnostics. Évitez de gérer cela acte par acte pour toutes vos installations.

1. Le diagnostic loi Carrez

Le diagnostic du métrage en loi Carrez permet de déterminer avec précision la superficie, la surface, de votre bien (hors balcon, terrasse, cave, garage, etc.) dont la hauteur mesure au moins 1.80 m. Ce contrôle sur la surface est obligatoire pour toute vente d'un appartement ou d'une maison en copropriété ainsi que tous les lots de copropriété des immeubles à usage d'habitation ou commercial. La vente des maisons individuelles indépendantes n'est pas obligatoirement accompagnée de ce type de diagnostic.

Loi Carrez pour une maison

Attention, cette notion n'est généralement valable que dans le cadre d'un appartement. En effet, pour une maison, l'information sur la surface Carrez n'est pas obligatoire si celle-ci n'est pas en copropriété.

Cependant, il est conseillé de préciser une superficie privative Carrez en plus d'une surface utile pour bien informer l'acquéreur même si cela n'a pas de valeur juridique.

La loi Carrez concerne donc tous les appartements, les locaux commerciaux ou professionnels, les chambres de service de plus de 8m² ainsi que certaines maisons ou pavillons en copropriété horizontale.

Les logements vendus sur plan ne sont pas, non plus, concernés par la loi Carrez.

Calcul du métrage

Le métrage Carrez se calcule par la superficie des planchers des locaux clos et couverts après déduction des surfaces occupées par les murs, cloisons, marches et cages d'escaliers, gaines, embrasures de portes et de fenêtres. Il ne faut pas non plus inclure tout ce qui est balcon, terrasse, garage, parking, cave, etc.

Il n'est pas tenu compte des planchers des parties du lot d'une hauteur inférieure à 1,80 mètre. Cette règle part du principe qu'une personne de taille moyenne doit pouvoir se tenir debout sur toutes les zones faisant partie de ce qui rentre en compte dans cette superficie. Il faut donc bien tenir compte des spécificités de votre logement.

Pour mieux vous rendre compte des exigences de ces règles et des modes de calcul, vous pouvez retrouver différentes illustrations de ce qui fait partie de la loi Carrez ou non sur différents sites. On y apprend notamment que les placards comptent dans la loi Carrez s'ils sont basés au sol et d'une hauteur supérieure à 1.80 mètre.

Pour les appartements avec beaucoup de surface avec une hauteur de plafond inférieure à 1.80 mètre, il est préférable d'indiquer les deux mesures : la surface en loi Carrez et la surface habitable. Avec cette seconde information, vous indiquez sans tromperie à l'acquéreur potentiel que votre appartement dispose d'une surface à vivre plus grande que ne le montre la superficie habitable officiel. C'est un atout supplémentaire pour réussir à le vendre plus facilement.

Les calculs méconnus

Qu'est-ce que l'on peut compter dans la surface Carrez ? Qu'est-ce qui au contraire ne peut jamais être pris en compte par cette loi Carrez ? Pour un particulier, il n'est pas évident de s'y retrouver et de faire les bons calculs.

Certains professionnels se trompent même en ne mesurant tout cela que de manière approximative et sans tenir compte de toutes les possibilités.

Combles aménagés ou non, caves, garages, vérandas, balcons, etc.

Par exemple, pour certains éléments, on peut se demander s'ils sont pris en compte dans le mesurage d'usage en plus des pièces classiques.

Certains éléments ne sont pas inclus dans la mesure de superficie en loi Carrez comme : Cave, Garage, Parking, Terrasse, Balcon

En revanche, à partir du moment où ils ont une surface de plus de 8 mètres carrés avec une hauteur sous plafond d'au moins 1.80 mètre, les éléments suivants sont pris en compte dans le mesurage :

Combles aménagés ou non aménagés

Véranda, Grenier, Remise

Le prix d'un diagnostic Carrez

Rien n'interdit légalement un vendeur particulier de réaliser lui-même les mesures et les calculs de superficie Carrez et de les renseigner directement. Cependant, compte tenu des sanctions risquées, il vaut mieux ne pas chercher à tricher sur la taille réelle de votre appartement ou prendre le risque de faire des erreurs de calcul car cela pourrait vous coûter très cher a posteriori.

Il est préférable de faire appel à un professionnel habitué à réaliser la mesure précise de chaque pièce et de chaque lot (ou fraction) pour cette obligation.

Ce certificat de superficie fait partie de la liste des diagnostics immobiliers qui sont obligatoires pour vendre un appartement. Vous devez donc pouvoir fournir ces informations qui sont annexées au compromis ou à la promesse de vente dans ce qu'on appelle couramment le Dossier de Diagnostic Technique (DDT). Cela est valable que le contrat soit réalisé par un notaire, par une agence ou par un particulier.

Pour ceux qui réalisent un achat, vous devez donc prêter attention à ces diagnostics précisés dans votre contrat avant de vous engager (DPE, état de l'installation de l'électricité, du gaz, superficie Carrez, etc.).

Il a une durée de vie illimitée tant qu'il n'y a pas de travaux majeurs qui viennent modifier la superficie du logement.

De nombreux professionnels sont habitués à réaliser ce type de diagnostic. Ils maîtrisent mieux qu'un particulier les méthodes de calcul et les nuances d'interprétation des règlements. Étant donné le prix d'un diagnostic loi Carrez et les risques en cas d'erreur si vous le faites vous-même, il est vivement recommandé de le faire réaliser par un diagnostiqueur professionnel formé et certifié.

En effet, le tarif d'un certificat de ce type varie de 60 à 90 € pour un studio à 110 à 150 € pour une maison. Retrouvez tous les prix des diagnostics immobiliers. En outre, comme vous devez faire faire différents autres contrôles et analyses, vous avez la possibilité de regrouper l'ensemble de vos besoins et de demander un tarif groupé pour tous vos diagnostics obligatoires. Alors avant de faire appel à un diagnostiqueur, vous avez le droit de comparer les tarifs et les prestations.

Découvrez la durée de validité de l'ensemble des diagnostics immobiliers.

Pour conclure, le diagnostic loi Carrez consiste donc au mesurage de la superficie privative d'un bien immobilier d'un lot de copropriété. Cette surface apparaît alors clairement dans l'acte de vente et son prix est payé par le vendeur tout comme le DPE ou le contrôle du plomb ou de l'amiante. Ils font effectivement partie des 9 autres diagnostics immobiliers obligatoires pour vendre votre bien immobilier.

2. Le diagnostic performance énergétique

Pour vivre dans une maison ou un appartement, il faut de l'énergie (pour le chauffage, les équipements, etc.). Le diagnostic performance énergétique, le DPE, permet de quantifier le besoin énergétique de votre logement.

Cette analyse technique des matériaux du bâtiment, de son isolation et de son système de chauffage et de production d'eau chaude permet de calculer le nombre de kWh d'énergie primaire par m^2 et par an que consomme le logement. Retrouvez tous les détails dans notre dossier sur le diagnostic DPE.

Depuis le 1er janvier 2011, le diagnostic performance énergétique est obligatoire dans toute annonce immobilière de vente (comme de location). Avoir un bien avec de bonnes performances énergétiques est donc désormais un argument pour vendre plus facilement.

Certains critiquent la fiabilité des résultats du diagnostic énergétique DPE. Les notes peuvent fortement varier d'un diagnostiqueur à un autre... C'est pourtant une information importante et très regardée par les acquéreurs dans votre dossier de diagnostic technique. Il peut être judicieux pour un propriétaire de faire des travaux d'amélioration énergétique pour mieux vendre ou mieux mettre en location.

3. Le diagnostic amiante

Tous les immeubles dont le permis de construire a été délivré avant le 1er juillet 1997 doivent être soumis à un diagnostic amiante. La présence ou l'absence d'amiante doit être étudiée aussi bien dans les parties privatives que dans les parties collectives d'une copropriété.

Pour une construction qui date d'avant l'interdiction de l'amiante, il convient de faire analyser tout le bâtiment par un diagnostiqueur certifié et expérimenté. L'analyse de l'amiante a une durée de validité illimitée pour celle réalisée depuis le 1er janvier 2013. Une nouvelle analyse par un professionnel de l'amiante devra être faite en cas de date antérieure.

Quels sont les éléments susceptibles de contenir de l'amiante à analyser ?

Les faux plafonds sont la principale source d'amiante dans l'immobilier en France. En effet, l'utilisation de l'amiante dans les faux plafonds a été massive durant des dizaines d'années avant son interdiction. D'autres éléments de construction sont également concernés par l'amiante, il s'agit, entre autres, des dalles de sol et des matériaux d'isolation phonique et thermique.

En fonction de la date de construction de la maison ou de l'appartement, le diagnostiqueur amiante devra analyser différents éléments :

- Avant le 1er janvier 1980 : faux plafonds, flocage, calorifugeage
- Entre 1980 et le 29 juillet 1996 : faux plafonds, calorifugeage
- Entre le 29 juillet 1996 et le 1er juillet 1997 : faux plafonds
- Après le 1er juillet 1997 : aucun

Le prix d'un diagnostic amiante

Selon les tarifs des diagnostiqueurs, de leur frais de déplacement, du matériel et équipement nécessaire aux analyses et surtout du type d'habitation (maison ou appartement) et du nombre de pièces, le tarif d'un diagnostic amiante peut évoluer entre 80 et 150 €. Découvrez tout sur le prix du diagnostic amiante.

Quels sont les dangers de l'amiante ?

Si le diagnostic amiante est obligatoire c'est parce que l'amiante peut entrainer de graves maladies. Le diagnostic permet d'identifier les éléments qui contiennent encore de l'amiante et, ainsi, de pouvoir éliminer cette matière toxique.

Les effets de l'amiante sur la santé peuvent être graves. L'amiante touche principalement l'appareil respiratoire, elle déclenche des cancers du poumon ainsi que de graves troubles respiratoires.

Mise à jour : depuis le 1er avril 2013, un nouveau diagnostic amiante est mis en place avec davantage d'information sur l'état de conservation des matériaux présents dans les murs, les plafonds, etc. Le diagnostiqueur doit également fournir des recommandations. Tous ceux qui doivent vendre un logement doivent mettre à jour leur précédent diagnostic amiante s'il n'est pas à jour par rapport à ces nouvelles dispositions des arrêtés du 12 décembre 2012.

4. Le diagnostic plomb (CREP)

Le diagnostic plomb, aussi nommé le constat de risque d'exposition au plomb (CREP), concerne tous les logements présents dans un immeuble d'habitation construit avant le 1er janvier 1949. Si le seuil réglementaire est franchi, sa durée de validité n'est que d'un an.

Dans le cas contraire, le constat de risque d'exposition au plomb a une durée de vie illimitée lors d'une totale absence.

Jusqu'en 1949, de nombreuses peintures contenaient du plomb. Il peut donc rester des résidus de ce métal dans d'anciennes peintures qui n'ont pas été éliminées entièrement.

Qui doit fournir obligatoirement ce document ?

La réalisation d'un diagnostic complet sur la présence de plomb doit être faite par :

Toutes les personnes qui veulent vendre un bien immobilier. Ce document doit être fourni dès le compromis de vente avec les autres diagnostics immobiliers obligatoires qui forment le Dossier de Diagnostic Technique.

Tous les propriétaires qui veulent mettre en location leur logement. Ce certificat doit figurer en annexe de tout bail de location pour les appartements ou les maisons pour lesquels il y a des risques.

Tous les syndics de copropriétés pour les parties communes. Le diagnostic concernant ces parties communes est à fournir aussi bien pour le compromis de vente que pour le contrat de location.

Attention, cette obligation ne concerne que les logements d'habitation construits avant le 1er janvier 1949. Tous les bâtiments d'habitation construits à partir de 1949 sont donc exempts de fournir ce diagnostic plomb.

Que faire en cas de détection de plomb dans vos peintures ?

Un diagnostiqueur certifié va analyser tous les éléments de votre habitation qui peuvent contenir du plomb à l'aide d'un appareil à fluorescence X : tous les revêtements de votre logement (peintures anciennes, plâtres, fenêtres, volets, embrasures, plinthes, etc.) et des dépendances qui sont utilisées couramment (buanderie, garage, etc.).

Il est fréquent que des quantités infimes de plomb soient détectées dans chaque logement car cette technologie est très pointue et va analyser les différentes couches présentes sur vos murs, vos portes, etc. Ainsi même les anciennes peintures contenant du plomb sont analysées. En cas d'impossibilité d'analyser un élément avec un appareil à rayons X, un échantillon est prélevé et envoyé à un laboratoire d'analyses.

Dès que la concentration est supérieure au seuil réglementaire de 1 mg / cm^2, le test de votre diagnostic plomb sera positif. Il vous faudra alors avertir les occupants et réaliser les travaux nécessaires afin de supprimer ce risque de contamination par le plomb. Il est alors nécessaire de surveiller la dégradation de vos peintures et assurer d'un entretien fréquent.

Pour faire disparaître les risques d'exposition, vous pouvez faire intervenir des experts pour une suppression totale de ces éléments contenant du plomb. Attention à ne pas l'effectuer vous-même car les risques de projection de poussières toxiques sont importants. Vous pouvez également réduire les risques en recouvrant entièrement les surfaces qui sont contaminées (plusieurs couches d'une nouvelle peinture, un faux-plafond, etc.).

Le prix d'un diagnostic plomb

Le prix TTC pour la réalisation d'un Constat de Risque d'Exposition au Plomb peut varier de 110 à 120 € pour un studio à 200 à 250 € pour une maison. Le temps nécessaire à une analyse complète va dépendre de la superficie de votre habitation et de ces composants à tester. Retrouvez tous les prix moyens d'un diagnostic plomb.

5. Le diagnostic termites

Tous les vendeurs, dont le logement se situe dans une zone d'habitation où un arrêté préfectoral au sujet des termites a été publié, doivent fournir un diagnostic termites.

Obligatoire pour le vendeur et le syndic de copropriété

Le dépistage des termites est un passage obligatoire aussi bien pour celui qui veut vendre un bien immobilier que pour un syndic de copropriété. Il fait partie des 10 diagnostics immobiliers obligatoires pour une vente.

En cas d'absence de diagnostic des termites (ou de diagnostic erroné), la vente peut être annulée ou le prix diminué pour le vendeur.

L'absence de ce document pour un syndic peut engager sa responsabilité civile et pénale.

Il est donc indispensable de faire le nécessaire pour tous les logements concernés. Le risque encouru par l'absence de diagnostic coûte en effet beaucoup plus cher que le prix de ce document.

En revanche, le traitement qui permet de supprimer ces termites n'est pas donné. Comptez de 1 500 à 3 000 € en fonction de l'importance de l'infestation et de la taille de la charpente.

Durée de validité et prix moyen d'un diagnostic termites

Un certificat de conformité vis-à-vis des termites n'est valable que pendant 6 mois. Il est donc utile de vendre rapidement son logement pour ne pas avoir à refaire ce diagnostic immobilier plusieurs fois pendant le déroulement de la vente.

Le prix d'un diagnostic termite peut commencer vers 70 € pour un studio et monter jusqu'à 130 € pour un grand appartement. Il faudra ajouter à cela le prix de la copie du diagnostic des parties communes (environ 60 €).

Pour une maison, comptez de 130 à 200 € pour ce type de document.

Il existe de nombreux professionnels certifiés auprès desquels vous pouvez effectuer votre démarche. Pour réduire la facture, vous pouvez faire jouer la concurrence en comparant les devis de plusieurs entreprises de diagnostics immobiliers.

Pensez également à faire regrouper tous vos besoins. Cela peut permettre au diagnostiqueur de ne se déplacer qu'une seule fois et donc de réduire le coût global.

6. Le diagnostic d'état des risques naturels ERP

Un plan de prévention des risques naturels mais aussi technologiques, sismiques ou cycloniques a été mis en place. Le diagnostic d'état des risques naturels permet d'informer l'acquéreur des risques encourus sur cette zone d'habitation. Il n'est, lui aussi, valable que six mois.

Il a eu différentes appellations comme ERNT ou ERNMT pour l'état de risques naturels, miniers et technologiques. Il porte désormais le nom d'ERP après celui d'ESRIS pour état des servitudes risques et d'information sur sols.

Dans quel cas faut-il obligatoirement un état des servitudes risques et d'information sur les sols ?

L'ESRIS fait donc partie des 10 diagnostics immobiliers obligatoires pour la vente d'une maison ou d'un appartement et il doit également être annexé à tout contrat de location. Cela fait partie des articles L. 125-5 et R. 125-23 à 27 du code de l'environnement.

Il est également à fournir dans le cadre d'un achat sur plan (vente en VEFA).

Qui définit le niveau des risques pour une commune ?

Pour chaque commune, c'est le préfet rattaché à celle-ci qui détermine quelle est la liste des risques naturels et technologiques auxquels la commune est exposée.

C'est lui qui fournit également la liste des documents auxquels peut se référer tout diagnostiqueur ou tout vendeur ou bailleur particulier (plan de prévention des risques, documents graphiques, documents permettant une délimitation et une qualification des phénomènes, etc.).

Certaines communes sont exposées à de nombreux risques, tandis que d'autres sont relativement moins sujettes à ces types de danger.

Au 1er janvier 2018, l'ESRIS remplace l'ancien ERNMT

Des modifications dans ce diagnostic ont donner lieu à un nouvel imprimé et à un nouveau nouveau depuis le 1er janvier 2018. Ainsi, le diagnostic ESRIS fait son apparition à la place du diagnostic ERNMT. Ce dernier remplaçait déjà l'ancien imprimé ERNT depuis le 1er juillet 2013.

Depuis 2013, le Plan de Prévention des Risques (PPR) Miniers fait l'objet d'une section spécifique. Dans le cas où l'immeuble se situe dans le périmètre du PPR Miniers, une prescription des travaux pour l'immeuble était ajoutée et le propriétaire ou bailleur doit stipuler si ces travaux ont été réalisés ou non. Une section supplémentaire apporte un rappel à l'obligation de joindre une déclaration de sinistres indemnisés au titre du régime des Catastrophes Naturelles.

Depuis 2018, d'autres éléments d'informations ont été ajoutés. Ainsi, on va désormais pouvoir savoir si l'immeuble est situé en secteur d'expropriation ou de délaissement, s'il s'agit d'un logement ou non et enfin des informations sur la pollution des sols dans ce secteur.

Coût d'un tel diagnostic et durée de validité

Attention, un ESRIS n'est valable que pendant 6 mois (et c'était déjà le cas pour un ERNMT) . Il faut donc le renouveler régulièrement si vous changez souvent de locataire ou le faire mettre à jour si vous n'arrivez pas à vendre votre logement rapidement. Malgré les changements de nom, les anciens ERNMT réalisés avant le 1er janvier 2018 et encore valides sont toujours valables.

En cas d'absence de ce diagnostic immobilier alors que le lieu du logement présente des risques, un acquéreur peut engager une procédure contre le vendeur pour vices cachés et porter l'affaire au tribunal d'instance pour obtenir une réduction du prix, voire l'annulation de la vente. De la même manière, un locataire peut, par ce biais, faire annuler son contrat locatif.

Le vendeur ou le propriétaire bailleur peut établir lui-même ce type de diagnostic en prenant tous les renseignements nécessaires en mairie, en préfecture ou en se basant sur ce formulaire.

Vous trouverez également des états des Servitudes Risques et d'Information sur les Sols à partir de 15 € pour une réalisation par Internet comme par exemple chez Preventimmo ESRIS et 60 € pour une réalisation par un professionnel.

7. Le diagnostic gaz

Si votre appartement ou votre maison est équipé d'une installation de gaz naturel datant de plus de 15 ans, vous êtes contraint de fournir un diagnostic gaz qui prouve que l'équipement de votre installation est conforme.

Ce certificat est valable pendant une validité de trois ans. Il sert à prouver la sécurité de votre bâtiment comme pour l'électricité.

Dans quels cas le diagnostic gaz est obligatoire pour une vente immobilière ?

Tous les logements qui sont équipés d'une installation au gaz de plus de 15 ans doivent être vérifiés par un professionnel certifié avant d'être vendu. Cette vérification permet d'identifier les éventuels problèmes qui peuvent survenir sur un équipement vétuste.

En cas d'anomalie sur un vieil appareillage, il y a un risque d'échappement de gaz tel que le monoxyde de carbone. Ceci peut entraîner des intoxications ou des explosions. Il est donc indispensable de vérifier l'état de votre installation au gaz avant de vendre votre habitation pour prévenir ces risques.

Le gouvernement a donc décidé de rendre obligatoire ce diagnostic gaz pour toute vente de maison individuelle ou d'appartement depuis le 1er novembre 2007. Il doit être annexé au compromis de vente et à l'acte définitif de vente comme les autres documents immobiliers (DPE, électricité, assainissement, termite, etc.) qui servent à informer l'acquéreur dans le dossier de diagnostic technique (DDT). Vous devez donc le faire réaliser avant de rechercher un acquéreur afin de disposer de ce certificat au moment de signer un compromis.

De même, il est obligatoire pour un propriétaire bailleur de présenter un diagnostic gaz lorsqu'il met en location un logement équipé d'une installation au gaz naturel. Le diagnostic gaz et le diagnostic électricité deviennent eux-aussi des documents qui doivent obligatoirement être annexés à tout bail de location signé depuis la loi du 1er juillet 2017.

Qu'est-ce qui est vérifié sur les installations de gaz et pour quelle validité ?

Le certificat de conformité d'une installation au gaz est valable pendant 3 ans. Ce diagnostic contient différentes informations importantes comme :

L'état des appareils fixes de chauffage et des équipements de production d'eau chaude sanitaire ou mettant en œuvre un moteur thermique, alimentés par le gaz.

L'état des tuyaux fixes qui servent à alimenter en gaz ainsi que tous les accessoires associés.

L'aménagement des locaux où fonctionnent les appareils à gaz. Ce qui est étudié en particulier c'est le niveau d'aération de ces espaces et la bonne évacuation des produits de combustion.

La durée de validité de 3 ans est suffisamment longue pour vous permettre de le faire dès que vous décidez de mettre en vente votre appartement ou votre maison. Il restera valable tout au long de vos 7 étapes à suivre pour vendre un logement.

L'habitation sera en sécurité en cas d'absence d'anomalies sur les installations intérieures de gaz. L'acheteur ou le locataire pourront vivre en sécurité dans un bien sans danger après ce bilan complet. Si une anomalie est détectée sur votre installation, il y aura des conseils pour une mise aux normes dans son rapport sur le contrôle de vos installations intérieures de gaz.

Des risques d'intoxication au gaz mortelle non négligeables

Le monoxyde de carbone (CO) est un gaz très dangereux pour l'homme car il est inodore et incolore. Il est donc très difficile de repérer les fuites sur un équipement défectueux sans des appareils de mesure.

Sans une bonne évacuation de ces éventuelles traces de monoxyde de carbone, un humain peut être intoxiqué (plus de 6 000 cas détectés chaque année en France) et dans le pire des cas il peut en mourir très rapidement (environ 300 cas de décès pour cause d'intoxication au monoxyde de carbone par an en France).

Il est donc nécessaire de vérifier que vos appareils de combustion sont bien entretenus et que le logement soit suffisamment aéré pour que ce gaz s'évacue rapidement. Attention donc à tous vos appareils de chauffage au gaz (chaudière, etc.), au système de production d'eau chaude (chauffe-eau, chauffe-bains, etc.).

3 catégories de problèmes liés au gaz sur votre installation

Lorsqu'un diagnostiqueur vient contrôler votre installation afin de vous délivrer un diagnostic gaz qui prouve la conformité de votre installation, il va réaliser différents points de contrôle. Il va notamment relever les taux de monoxyde de carbone dans les différentes pièces concernées et étudier en détails tous les éléments où circulent le gaz (système de cuisson, tuyaux de raccordement, etc.).

Il y a 3 types d'anomalies qui sont relevés par ce professionnel certifié :

Type A1 : Risque léger que le diagnostiqueur va préciser et expliquer. Il donnera des conseils pour une prise en compte lors de prochains travaux d'aménagement.

Type A2 : Risque plus important. Le diagnostiqueur va détailler ces risques et expliquer le problème. Il va conseiller d'effectuer le plus rapidement possible certains travaux pour poursuivre l'utilisation du système.

Type Danger Grave Immédiat (DGI) : le diagnostiqueur a l'obligation de stopper le fonctionnement de l'appareil, d'apposer des étiquettes de condamnation sur la partie posant problème, signaler et localiser ces anomalies au propriétaire et lui recommander les travaux adéquats. Le donneur d'ordre doit signer ce rapport de DGI et il le recevra par courrier recommandé. Il a également l'obligation d'informer le fournisseur de gaz (GDF, Butagaz, etc.)

Depuis le 1er janvier 2014, une nouvelle norme NF P45-500 s'applique au diagnostic gaz. Son but est de rendre encore plus fiable et plus performant ce diagnostic. Le seuil limite de taux de monoxyde de carbone est abaissé et différents contrôles supplémentaires sont obligatoires.

Vous déménagez dans un nouveau logement ? Suivez les démarches pour le gaz en cas de déménagement.

Quel prix pour faire réaliser un diagnostic gaz ?

Comme pour la plupart des diagnostics immobiliers, le tarif d'un diagnostic gaz va varier en fonction de la taille de votre logement. Il faut compter de 110 à 150 € pour un studio, de 130 à 160 € pour un 4 pièces et de 110 à 180 € pour une maison.

Ce n'est pas le seul diagnostic que vous devez obligatoirement faire faire avant de vendre. Vous avez donc tout intérêt à faire faire tous vos diagnostics pour vente en même temps afin de bénéficier d'un forfait global. Celui-ci reviendra beaucoup moins cher que de faire effectuer tous ces diagnostics séparément comme nous l'expliquons dans nos différents articles comme sur celui du prix de chaque diagnostic immobilier.

Dans chaque secteur géographique, il y a de nombreux professionnels certifiés pour réaliser ce type de contrôle. Les tarifs peuvent fortement varier d'une entreprise à une autre, c'est pourquoi nous vous conseillons de demander à recevoir plusieurs devis gratuits afin de comparer les prix de l'expertise et les prestations proposées de chaque diagnostiqueur immobilier.

8. Le diagnostic électrique

Comme pour le gaz, le diagnostic électrique concerne tous les logements dont l'installation électrique a plus de 15 ans. Un professionnel doit remettre un certificat de conformité électrique. La durée de validité d'un diagnostic électrique est également de trois ans.

Il n'y a pas d'obligation de mise aux normes de l'électricité pour un acte de vente. C'est à l'acheteur de voir quels sont les travaux à prévoir en fonction du constat dressé et à en tenir compte dans son prix pour l'offre d'achat immobilier. En effet, il achète en l'état. Le diagnostic immobilier ne sert qu'à dresser un état des lieux actuel afin d'acheter en connaissance de cause.

Le diagnostic électrique est-il obligatoire pour une vente ou une location d'un logement ?

Dès janvier 2009, la liste des diagnostics immobiliers à fournir par le vendeur lors de toute transaction immobilière a été complétée par un diagnostic sur l'état de l'installation en électricité. Le diagnostic électrique est obligatoire pour tout logement de plus de 15 ans et permettra de s'assurer de la conformité de l'installation électrique avec les nouvelles normes en matière d'électricité. Ceci est valable pour tous les logements à usage d'habitation comme le précise l'article L 134-7 du code de la construction et de l'habitation.

En outre, depuis le 1er juillet 2017, le diagnostic électrique et le diagnostic gaz sont devenus eux aussi des documents qui doivent obligatoirement être annexés à tout bail de location signé à partir de cette date. Retrouvez la liste des diagnostics obligatoires pour louer un bien immobilier.

Pourquoi un diagnostic sur l'installation de l'électricité d'un bien immobilier ?

Ce diagnostic électrique a pour objectif d'informer l'acheteur ou le locataire sur les anomalies électriques de son habitation et les éventuels travaux à entreprendre pour les corriger. Il s'agit de vérifier l'état de l'électricité et d'informer sur les points de risques afin que l'occupant puisse y vivre en toute sécurité. Le locataire peut ainsi s'assurer que le bailleur lui loue un logement conforme à la norme. Le nouveau propriétaire peut lui vérifier s'il y a un risque et s'il doit effectuer des travaux ou des changements pour avoir une habitation sans risque.

Voici donc pourquoi un bailleur ou un propriétaire qui met en vente son bien doit faire effectuer ce contrôle de son installation électrique. La loi le rend obligatoire pour s'assurer de la sécurité des logements en France et réduire le risque d'accident lors de l'usage de l'électricité. Le contrôle de chaque dispositif électrique contribue ainsi à s'assurer de la protection des habitants et de leur sécurité par rapport à ces équipements. Ce rapport sur l'état et la conformité de l'installation électrique fera partie du dossier de diagnostic technique (avec le DPE et les autres diagnostics) qui sera en annexe du compromis de vente ou du bail de location.

Caractéristiques des installations électriques : qui fait le diagnostic électrique ?

Ce certificat de conformité électrique doit être réalisé par un diagnostiqueur professionnel certifié et doit comporter l'analyse des points suivants suivant la norme XP C 16-600 :

L'installation électrique doit contenir un appareil général de commande et de protection, facile d'accès.

Un dispositif différentiel de sensibilité approprié aux conditions de mise à la terre doit être présent à l'origine de l'installation électrique.

Les risques de surintensités doivent être protégés par un équipement adéquat.

En cas de présence de baignoire ou de douche, l'installation électrique doit être adaptée à ces conditions particulières.

Pour effectuer votre dossier, il doit également vérifier les conducteurs non protégés mécaniquement. Tant qu'il ne détecte pas de danger imminent sur les éléments conducteurs de l'électricité ou la mise à la terre, il n'y a aucune obligation d'effectuer les travaux pour améliorer l'état de vos installations d'après la loi.

Il est malgré tout très utile et plus sûr sur toute la durée d'occupation du logement de corriger les anomalies principales sur votre électricité pour y vivre en toute sécurité.

Durée de validité du diagnostic électrique

Le diagnostic électrique doit dater de moins de trois ans et être réalisé par un professionnel satisfaisant à des critères de compétence et ayant souscrit une assurance couvrant pour son intervention les conséquences d'un engagement de sa responsabilité civile professionnelle.

Quel prix pour un diagnostic électrique ?

Le tarif d'un tel certificat coûte un peu plus de 60 € pour un studio et peut atteindre près de 200 € pour une maison. Comme pour les autres éléments, pensez à faire regrouper tous vos besoins de diagnostics immobiliers pour obtenir un prix global inférieur.

Pour rappel, voici la liste des 10 contrôles nécessaires pour vendre un bien immobilier (DPE, surface Carrez, termites, amiante, gaz, ERP, etc.). Pensez à demander un pack de tous les diagnostics immobiliers dont vous avez besoin au diagnostiqueur certifié. Cela permet de réduire les coûts et obtenir un devis moins cher pour remplir votre obligation avant une vente de maison ou une mise en location d'appartement.

9. Le diagnostic assainissement non collectif

Un neuvième document est devenu obligatoire depuis le 1e janvier 2011. Il s'agit du diagnostic de contrôle de l'assainissement non collectif qui concerne toutes les maisons qui ne sont pas raccordées au tout à l'égout. Cette vérification permet de s'assurer que l'installation de collecte des eaux usées est bien conforme.

En fonction du type de construction, il faudra également faire le constat de vos installations et de leur état.

Le vendeur doit certifier que son installation d'assainissement est conforme

Lorsque votre maison ou votre appartement n'est pas raccordé au tout-à-l'égout, vous devez faire contrôler votre installation avant de pouvoir le vendre.

Cette obligation a été mise en place depuis le 1er janvier 2011 afin de s'assurer que les eaux usées soient bien évacuées correctement et sans risque de pollution.

Près de 15 % des logements (environ 5 millions de biens immobiliers) ne sont pas raccordés à un système d'assainissement collectif (fosses septiques, système d'épandage souterrain, bacs à graisses, etc.) et la majorité d'entre eux sont mal entretenus ou non conformes. Cela provoque de graves troubles pour les sols et les eaux environnantes.

Les vérifications sont faites aussi bien sur le type d'installation que sur son entretien. Un constat est dressé avec une liste de recommandation et éventuellement une liste des travaux à effectuer avec un ordre de priorité en cas de risques avérés de pollution de l'environnement. C'est ce diagnostic assainissement qui est à présenter pour le compromis et l'acte de vente avec les autres diagnostics immobiliers.

En cas d'absence de ce document dans le contrat de vente, l'acheteur est en droit de faire valoir un vice-caché qui peut entraîner une condamnation civile ou pénale du vendeur ou de son représentant. De plus, l'acquéreur peut alors annuler la vente sans aucune pénalité, demandé une réduction sur le prix de vente ou encore imposé que ce soit le vendeur qui prenne à sa charge les frais de mise en état de l'assainissement.

Durée de validité du contrôle de conformité

Votre diagnostic de conformité de votre installation d'assainissement autonome doit être daté de moins de 3 ans lors de la signature de l'acte de vente.

Il vous faut donc le réaliser avant de mettre en vente votre logement si vous n'en avez pas de récent. Il faudra également le renouveler si jamais vous mettez trop de temps pour réussir à vendre. Eh oui, certaines ventes durent parfois des années. Cela fait partie des frais obligatoires à payer pour une vente immobilière.

Il est malgré tout préférable de pouvoir donner les résultats de ce diagnostic aux personnes qui visiteront votre bien, sous peine de ne pas recevoir d'offre d'achat.

La mise en conformité d'un système d'assainissement peut coûter cher

Le coût d'une intervention afin de rendre conforme un assainissement autonome peut très vite s'envoler. Le prix d'un nouveau système peut atteindre 5 000 à 10 000 €, voire plus.

Il est donc indispensable de vérifier le résultat des diagnostics avant d'acheter un bien immobilier. Cela aura une réelle influence sur le prix de vente de la maison ou de l'appartement.

En effet, si la plupart des mauvais résultats des diagnostics n'incombent aucune obligation de réparation ou de modification, l'acquéreur peut être sommé par la commune de mettre en conformité un assainissement déclaré comme polluant dans un délai d'un an à partir de la date de la vente.

Qui réalise ce type de diagnostic ? Et comment ?

Contrairement aux autres diagnostics immobiliers, dans le cadre d'un contrôle d'un système d'assainissement, ce n'est pas un diagnostiqueur indépendant qui le réalise. C'est par l'intermédiaire de votre commune que vous pourrez vous assurer de l'état de conformité de votre installation.

Vous devez donc prendre contact avec votre mairie pour savoir comment cela se passe et le coût de la redevance pour ce diagnostic.

Plus précisément c'est une organisation spécifique, le SPANC, qui gère cela. Votre commune est obligatoirement rattachée à une entité de ce type qui est spécialisée dans le contrôle des installations d'assainissement non collectif.

Un expert du SPANC va venir vérifier directement chez vous comment vous évacuez les eaux usées et dans quel état d'entretien se situe votre équipement. Il va vérifier entre autres si votre système est bien dimensionné par rapport à la taille de votre logement, contrôler les bons écoulements, etc.

Pour lui faciliter la tâche et obtenir plus rapidement votre certificat, présentez lui tous les documents utiles comme la dernière analyse réalisée, les notices d'utilisation et d'entretien et tous autres éléments à votre disposition.

Le certificat d'état de l'installation d'assainissement non collectif devra être annexé à votre compromis de vente avec les autres diagnostics obligatoires dans le Dossier de Diagnostics Techniques (DDT).

Si des risques ou des anomalies sont présents, tout sera indiqué dans le rapport. Une obligation de travaux de mise en conformité peut ainsi être délivrée à ce moment-là.

Prix d'une vérification d'assainissement non collectif

Le prix varie effectivement d'une commune à une autre en fonction du SPANC et de son mode de fonctionnement.

Il faut compter de 80 à 150 € pour faire réaliser ce type de diagnostic. Comptez en moyenne un peu plus de 100 €. C'est un tarif à ajouter au prix des autres diagnostics immobiliers.

10. Diagnostic mérule

L'intervention d'un diagnostiqueur pour analyser tous les éléments susceptibles de contenir des mérules (champignon qui mange le bois) n'est pas obligatoire dans le cadre d'une vente. En revanche, le vendeur a l'obligation d'informer l'acquéreur sur les risques de présence de mérules en fonction de son secteur géographique.

Qu'est-ce que le mérule ?

La mérule, connue aussi sous le nom de « Serpula Lacrymans », fait partie de la famille des champignons dits « lignivores ». Ce sont des champignons dévastateurs qui se nourrissent du bois. Ces parasites peuvent donc être très destructeurs pour une habitation, notamment pour celles qui contiennent beaucoup de bois. Les dégâts peuvent aller jusqu'à affaiblir la structure d'un bâtiment.

C'est pour cela que le mérule, qui est le plus destructeur de ces champignons lignivores, est aussi appelée la « lèpre des maisons » ou le « cancer de l'habitation ».

Normalement, une maison ou un appartement bien entretenu et aéré régulièrement ne présente pas de risque de contamination par ce champignon même en zone humide. Ce champignon se développe principalement en milieu confiné. Il est fréquent que des mérules se développent après une fuite d'eau ou un dégât des eaux si les lieux ne sont pas habités et entretenus.

Comment est-ce qu'on traite ce champignon parasite ?

Il faut être très vigilant dans les départements classés à risque à toute trace anormale d'humidité dans votre habitation. Vous devez en particulier surveiller différents signes annonciateurs :

- Les odeurs de champignon.
- Des traces blanches (similaire à de la mousse) apparaissent sur des surfaces boisées.

- Des poussières orangées à proximité d'éléments en bois.
- Des parties du bois qui sont gondolées ou ramollies.

En cas de contagion, vous devez très rapidement faire appel à un diagnostiqueur certifié. Celui-ci pourra déterminer avec précision de quel type de champignon il s'agit, quelle en est la cause, l'ampleur des dégâts et les risques pour les habitants (ces champignons dégagent des spores qui peuvent apporter des problèmes respiratoires ou des allergies). Enfin, il pourra déterminer quel sera le traitement adapté et les mesures à prendre pour rétablir vos parties boisées infestées.

Le professionnel utilisera des produits chimiques comme des fongicides pour détruire les champignons comme le mérule en plus d'un assèchement du bâtiment.

Vous pouvez également commencer par essayer de traiter les problèmes d'humidité et aérer au maximum ce secteur de votre bâtiment pour éviter une contamination qui se développe trop vite en attendant un traitement spécifique fait par un professionnel.

La loi ALUR prévoit de rendre obligatoire l'information sur le mérule, mais sans rendre obligatoire un diagnostic mérule

La loi globale pour l'Accès au Logement et un Urbanisme Rénové (loi ALUR) de Cécile Duflot, ex-ministre du Logement, en 2014 contient de nombreux changements en matière de réglementation immobilière. Il y a notamment une partie spécifique qui concerne le devoir d'information sur la possible présence de mérules dans certains secteurs géographiques.

Voici les 4 points importants sur le risque présenté par le mérule et les nouvelles obligations :

- Obligation de déclaration en mairie de présence de mérules dans un immeuble ou une habitation, soit par l'occupant, soit par le propriétaire si le logement est non occupé. Ceci afin de mieux répertorier les secteurs touchés.
- Arrêté préfectoral qui détermine précisément les secteurs géographiques où il y a un risque de présence de mérules.
- Obligation en cas de démolition partielle ou totale d'un immeuble dans une zone à risques pour la mérule d'incinérer les matériaux contaminés et d'en faire la déclaration en mairie.
- Obligation dans le cadre d'une vente d'un bien immobilier dans un secteur déclaré comme à risque par arrêté préfectoral d'informer sur les

risques de présence de mérules et des conséquences de ce champignon.

La ministre actuelle du Logement, a déclaré qu'il n'était pas pour autant obligatoire de fournir un diagnostic mérule. Cela reviendrait trop cher de procéder systématiquement à un tel diagnostic pour les appartements et les maisons situés dans ces zones risquées. Il y a donc obligation d'information, mais pas obligation de diagnostic immobilier sur le mérule.

Durée de validité et prix d'un diagnostic mérule

Même si le diagnostic mérule n'est pas obligatoire, l'acquéreur peut exiger, dans les départements les plus à risque, d'avoir un diagnostic récent afin de s'assurer qu'il n'y a pas de contamination par ce champignon dévastateur avant d'acheter votre bien immobilier. Cela fait partie des précautions à prendre avant d'acheter.

Vous pouvez faire appel pour cela à un diagnostiqueur certifié et compétent sur tout ce qui touche aux parasites tels que le mérule ou encore la détection de termites. On parle dans ce cas d'un diagnostic parasitaire global.

Il n'y a pas de durée légale de validité pour le diagnostic mérule. Il est recommandé que cette analyse ait été réalisée récemment (moins de 6 mois dans l'idéal).

Le prix d'un diagnostic mérule va quant à lui varier fortement en fonction de la taille du logement, des surfaces à analyser, des dégradations à constater, des éléments à démonter pour faire des analyses, etc. Le coût varie généralement entre 200 et 400 €.

PARTIE 5 : LE SECRET DES MEILLEURS INVESTISSEURS

Chapitre 1 : Les investisseurs riches achètent des appartements d'habitation

Avec des équipements haut de gamme et un emplacement privilégié dans l'un des quartiers les plus prisés de la ville, il est facile de comprendre pourquoi vivre dans un immeuble d'appartements à son attrait.

Mais chaque saison, ce sont les investisseurs plutôt que les propriétaires occupants qui trouveront de nombreuses maisons de luxe à vendre.

Mais qu'est-ce qui rend ces appartements si populaires auprès des investisseurs ?

Avantages fiscaux

De nombreux investisseurs sont attirés par les nouvelles propriétés en raison de leurs barèmes d'amortissement attrayants.

En raison de leur positionnement de résidences exécutives haut de gamme, le design luxueux et les inclusions constituent une grande partie de la valeur des appartements.

Un investisseur qui veut vivre de ses revenus peut déduire l'amortissement de la propriété d'un bien utilisé pour la génération. Cela signifie que les nouvelles propriétés telles que les appartements apparaissent désormais beaucoup plus attrayantes pour les investisseurs.

Développement du lieu

Les investisseurs ont tendance à se fier davantage aux chiffres que les propriétaires, choisissant d'acheter des propriétés dans des endroits où la valeur des propriétés est plus susceptible d'augmenter à l'avenir. Dans certains endroits, les prix de l'immobilier ont doublé au cours des cinq dernières années

Une source de revenus

Les propriétés qui ont été converties en locations en présaison attirent généralement les hauts revenus à la recherche d'une propriété prête à emménager, permettant aux propriétaires de facturer des loyers supérieurs au marché.

Dans le cas des immeubles, les rendements sont plus élevés simplement parce qu'ils contiennent plusieurs centaines de milliers d'euros de mobilier, le loyer se situe ici entre 1 800 et 2 250 euros.

Taille et rareté

Les acheteurs sont attirés par les aspects les plus recherchés des appartements, y compris les conceptions haut de gamme, la domotique et les caractéristiques traditionnelles, mais c'est la taille des appartements qui attire le plus.

Ils mesurent 260-270 mètres carrés, il est aujourd'hui très difficile d'acheter un appartement de cette taille.

La valeur de la rareté entraîne les rendements immobiliers Cette densité clairsemée a une valeur inhérente.

Chapitre 2 : La localisation saisonnière et la courte durée

La question qu'on se pose souvent est de savoir s'il est possible de faire affaire encore avec la courte durée malgré la crise qui sévit. D'abord, il y a une différence entre la courte durée et la location saisonnière qu'il faut comprendre. La location courte durée concerne la cible des actifs, des travailleurs, des visiteurs alors que la location saisonnière touche tout ce qui est touriste. La location saisonnière va vraiment être abondante ; ça peut être lors des vacances scolaires, etc. Lorsque vous allez être sur cette location saisonnière, vous allez énormément dépendre d'éléments exogènes c'est à dire des éléments sur lesquels vous n'avez aucune emprise par exemple la météo, la COVID. Déjà en fonction de votre stratégie immobilière la COVID va vous frapper assez différemment mais c'est vrai qu'il a permis de mettre en lumière certaines fragilités sur certains business model comme celui de la courte durée /saisonnier. Les déplacements sont restreints, personne ne peut pas aller en vacances et forcément ce business model a été énormément touché par cette crise. Dans l'immobilier, c'est le secteur qui a vraiment été touché et c'est la raison pour laquelle lorsqu'on se lance dans de la courte durée, en règle générale il faut toujours faire attention à ce que l'appartement s'autofinance même en location sans vous. C'est vraiment la règle ultime lorsqu'on fait du saisonnier c'est d'abord de savoir que notre bien va s'autofinancer coûte que coûte et peu importe la crise qu'il peut y avoir. Si vous souhaitez faire de la courte durée plus tard, veillez à ce que votre bien s'autofinance toujours même si vous le mettez en location simple parce que si jamais votre location ne s'autofinance pas en location simple, vous allez forcément vous-même votre échéance de prêt à la banque. Et lorsqu'on investit, ce n'est pas du tout un butin, on ne doit sortir aucun euro de notre poche. Il va être plus compliqué de réellement s'implanter de façon durable et pérenne dans la courte durée parce que le secteur se professionnalise de plus en plus. Lorsque vous regardez un petit peu tout ce qui est beau King, airbnb etc. on tombe beaucoup sur des annonces d'hôtels particuliers parfois même des grandes chaînes d'hôtels et c'est la raison pour laquelle si vous êtes un amateur que vous arrivez un petit peu sur le marché sachant qu'il y a deux ou trois ans de ça il était possible de vraiment s'insérer sur la location saisonnière lorsqu'on avait une petite chambre à louer chez soi sans trop faire d'efforts au niveau des photos et de l'aménagement. Maintenant, ce n'est plus possible. Si jamais vous souhaitez vous implanter sur le marché votre prestation et votre service doivent être impeccables, dignes d'une conciergerie ou d'un hôtel particulier. En termes clairs, si vous souhaitez être compétitif sur de la courte durée aujourd'hui, il faut avoir un service incroyablement sérieux et impeccable. C'est comme ça qu'on voit que ce business model a aussi beaucoup évolué, c'est qu'il y a beaucoup de professionnels alors qu'avant ce n'était pas vraiment le cas. Les professionnels qui sont sur les sites comme airbnb, booking, etc. ne font pas de cadeaux. Ils ont une prestation digne d'hôtel, la conciergerie, tout ce qui est service du petit déjeuner etc. Si vous arrivez avec un appartement qui peut être bien placé mais qui n'a pas vraiment de vraie prestation qualitative et qui peut donner de la valeur ajoutée à votre appartement, vous n'allez pas faire le poids. Alors si vous souhaitez faire de la location courte durée mais que derrière vous n'avez pas une offre hyper qualitative, une valeur vraiment ajoutée qui va vraiment vous différencier des autres, n'y allez même pas car ça ne sert à rien. Vous allez perdre du temps et perdre de l'argent, soit vous avez une prestation qui va être égale à ce qui est fait sur les marchés ou supérieur mais jamais en dessous sinon faites carrément autre chose. Une autre chose qui fait que ça va être de plus en plus compliqué de se placer sur le domaine du saisonnier et de la courte durée, c'est qu'il y a de plus en plus de concurrence. Vous l'aurez déjà remarqué aussi lorsque vous allez sur des sites airbnb, booking, vous allez voir qu'il y a énormément d'annonces même dans les plus petites villes. Ce qu'il faut aussi vérifier sur les sites de booking, airbnb etc. c'est que les prix de la nuitée baissent d'année en année sur certaines villes à cause de la concurrence. Vous devez prendre en compte ce paramètre dans vos études de marché avant de vous placer.

Chapitre 3 : Tout savoir sur la SCI

Une SCI est une société civile immobilière et qui doit obligatoirement se faire avec un minimum de deux personnes. C'est vraiment la condition pour avoir une SCI. Et cela est vachement intéressant de se placer sur une SCI dès lors qu'on veut investir avec un conjoint ou conjointe, avec une amie, un associé.

Si vous êtes mineur par exemple et que vous souhaitez vous lancer dans l'immobilier, la SCI peut être intéressante. Aussi si vous êtes parent et que vous souhaitez léguer par la suite tous vos biens qui sont dans la SCI à vos enfants, ça peut aussi être une bonne chose d'avoir une SCI avec eux parce que la succession sera beaucoup plus simple et beaucoup moins chère. En d'autres termes, ça peut être intéressant si une des deux personnes qui est dans la SCI a les moyens d'investir mais pas l'autre, ça peut aussi marcher.

Si vous êtes par exemple au chômage et que vous avez un ami qui ne l'est pas et qui a de très bons revenus, vous pourrez les acheter tous les deux. Cependant faites attention car une SCI demande beaucoup de paperasse. Il va falloir créer la SCI, faire les statuts, mettre des clauses etc. et donc ça prend quand même un peu de temps. Maintenant c'est déconseillé de faire ça seule, c'est vraiment un travail hyper complexe et c'est bien de tout déléguer soit à un service qui s'en occupe sur internet ou alors un avocat rang juriste. Il ne faut donc jamais faire ça seul parce que c'est vraiment un travail d'orfèvre qui nécessite d'être fait de la meilleure façon possible.

Ce qu'il faut aussi savoir avec les SCI, c'est qu'elle n'est pas vraiment une société comme les autres. Pour la banque, la SCI c'est vous et en cas de soucis, en cas de dettes, en cas de liquidation c'est vous qu'on va venir chercher. C'est vraiment vous qui allez devoir tout assumer et il n'y aura pas de murs, de barrières entre la société et vous. La SCI est vraiment la société la plus humaine possible et la plus physique possible.

Les différents types de SCI

Il existe différentes formes de sociétés immobilières de droit civil, on trouve :

- La SCI familiale : Ce type de SCI est idéal lorsqu'il s'agit de gérer un patrimoine immobilier ou familial et de préparer la succession Les actionnaires d'une SCI familiale sont sociétaires une famille ;
- La SCI de gestion ou locative : C'est la forme la plus courante de SCI et elle est utilisée pour la gestion et l'acquisition de biens ;
- La SCI Construction vente : Cette forme juridique, contrairement aux autres types de SCI, permet d'acquérir un terrain, d'y construire un immeuble et de le revendre avec profit ;
- La SCI d'attribution : Elle permet de posséder la totalité d'un bien immobilier puis de le diviser, les parts de propriété sont livrées à un ou plusieurs associés au prorata de leur participation au

capital de la SCI, ultérieurement ils en acquièrent la pleine jouissance ou la propriété de celui-ci.

Les caractéristiques de la SCI

Société mère

L'adresse de la société mère de cette forme juridique est obligatoire, elle peut être établie à l'adresse du gérant de la société ou de l'un des actionnaires.

Capital social

Il n'y a pas de montant minimum requis pour la constitution du capital social d'une SCI, mais les statuts doivent indiquer si le capital est fixe ou variable.

Apports

Les apports des actionnaires peuvent être des apports en nature (biens mobiliers ou immobiliers) ou en argent (argent) pour former le capital social de la société ou plusieurs biens sont produits en échange d'actions ou de participations, des apports pécuniaires peuvent être déterminés et le contributeur reçoit une rémunération immédiate et aucun titre de la société. Il existe également des dépôts mixtes, ce qui signifie que le déposant est récompensé à la fois pour des actions ou des participations et pour une contrepartie immédiate.

Associés

Une SCI doit être composée d'au moins 2 associés, personnes physiques ou morales.

Délibérations

Le directeur général, représentant la SCI et chargé de la gestion ordinaire de la société, est nommé par les actionnaires. Selon l'objet, les décisions concernant la SCI sont prises en assemblée générale ordinaire ou extraordinaire.

Choix du capital : capital fixe ou variable pour une SCI

Lors de la production d'une SCI, il est vital de nommer parmi la SCI à ressources apyre et la SCI à ressources nomade.

En général, les SCI sont constituées d'un ressources sociologique apyre. Dans ce cas-ci, le coût de la ressource est ordre telle que de la production de la SCI et est prescrit là-dedans lequel les statuts. Si le brigand d'manufacture souhaite gambader le coût de la ressource, il sera là-dedans lequel l'responsabilité de prier à une conseil avant-première et de changer les statuts avant rédigés.

Une SCI à ressources nomade encan mieux d'évidence et de flexibilité. Du texte des statuts, l'auteur doit divulguer un ressources extremum et une ressource maximum. Par conséquent, si l'auteur souhaite changer le coût de la ressource, il n'est pas forcé de reconstruire les statuts là-dedans lequel le cas où les limites de la ressource ne sont pas atteintes. Par ailleurs, la SCI à ressources nomade préserve l'autonomisme des associés, qui restent ainsi anonymes. Enfin, si un aide souhaite vénérer ses parts de SCI et cesser la société, il a chance de le mentir excepté crapahuter par un souci dense et compliqué.

Avantages d'une SCI

Le supérieur pot-de-vin d'une SCI est d'épargner la dévolution des associés. Cette pointure ordinaire permet de circonscrire l'obligation des associés par coïncidence aux investissements réalisés. Les créanciers peuvent se repasser malgré les associés d'une SCI intégralement arrière empressé vétéran une conséquence vaine malgré l'empilement. Il est dangereux pendant les créanciers de dominer les parts sociales d'un aide ou adéquat d'évaluer l'groupe de la dévolution qu'il possède.

Une SCI propose la ductilité relativement le spicilège de son diminution fiscal. Par défaut, une SCI est soumise à l'taxe sur le revenu (IR), c'est-à-preuve que l'empilement ne déclare pas ses bénéfices et ne paiement pas d'impôts. Cependant, les associés peuvent préférer d'apprendre pendant l'taxe sur les sociétés (IS).

La pointure ordinaire SCI est une leçon pendant thésauriser Cosmos engagement dû à l'indivision (divorce, séparation, décès, etc...). Il est rédigé, entre les statuts de la SCI, le spicilège social et la jurisprudence de détroussement laquelle bénéficie tout héritier.

Une SCI peut impétrer de la loi Scellier, qui vente une remise d'impôts proportionnelle aux parts sociales des associés, à engagement que l'empilement autrement soumise à l'taxe sur les sociétés.

Concernant le roulement de la dévolution immobilier, la SCI simplifie la procédure. Si les parents souhaitent réverbérer un affairé immobilier à elles enfants, la régie de l'affairé sera conservée. La SCI possèdera l'building et les parts de l'empilement seront distribuées à à elles enfants, qui deviendront les gérants de la SCI. Par ailleurs, les agile de roulement de la dévolution immobilier sont allégés également le spicilège d'impôt des donations et le spicilège d'impôt de subrogation sont les mêmes.

Inconvénients d'une SCI

L'anicroche de l'ergotage relative à l'accomplissement d'une SCI est un large inconvénient. L'exécution de démarches administratives et constitutionnels sont importants à l'accomplissement d'une SCI parmi encombrer un breuvage M0 comme l'liste du pool lequel les agile de transplant s'affilié à 39,42 €. Cela commence par le libellé des statuts où les associés ont la caresse de les accoupler à eux objectifs. Ils doivent élaborer disculpant d'attention car le libellé des statuts est périlleux et requiert une concret précision. Ils doivent concerner établis par grimoire par ordonnance authentifié ou par ordonnance des en dessous sceau privé. Si toi-même-même le souhaitez, toi-même-même pouvez élaborer destination à un allopathe comme l'accomplissement de votre fabrique en ligne.

Comme les gens l'avons vu précédemment, une SCI est violemment soumise à l'essentiel sur le budget intégralement peut autoriser comme l'essentiel sur les sociétés. Cependant, à farouchement de l'étape où la SCI a préféré le rationnement d'impôt sur les sociétés, sézigue ne peut surtout élire le rationnement d'impôt sur le budget.

Au moins un jour par an, le dirigeant d'une SCI doit immanquablement ordonner totaux les associés du pool en inspirateur générale. Cependant, nature participant de la SCI peut dépêcher une majuscule recommandée au dirigeant quant à d'ordonner l'bande des associés comme cahoter d'un surgeon spécifique.

Dans le cas où la SCI est endettée, quelque participant doit ajuster l'endettement pile ses propres avoirs en appuyé de à eux parts et de à eux services pendant lequel le pool.

LES AVANTAGES DE LA LOI PINEL EN SCI

La création de SCI est très appréciée des particuliers qui cherchent à acquérir des biens immobiliers à plusieurs. Le plus souvent créée dans un cadre familial, elle permet aux personnes qui la compose de définir des règles de fonctionnement adaptées à leur besoin tout en assurant une protection juridique à chacun d'eux.

Enfin, en matière de succession, elle permet d'éviter la situation délicate de l'indivision, perçu comme trop rigide et souvent source de conflits entre héritiers. Dans cet article, nous vous expliquerons son fonctionnement et les conditions pour bénéficier des avantages fiscaux de la loi PINEL lorsque vous créer une SCI en ligne.

Fiscalité au sein d'une SCI

La SCI a été créée dans lequel inspirateur des surabondance immobiliers, conséquemment lui-même peut subir des loyers purement élément intransigeant s'rémunérer de charges (l'essentiel foncière, les assurances, des travaux, des intérêts d'imitation éventuellement...). Cela entraînera un modèle photomaton ainsi une cible ou un modèle négatif (déficit).

La SCI peut élire comme paire régimes fiscaux : l'IR (impose sur le moyen) et l'IS (impose sur les sociétés). Comme certains le verrons, seules les SCI cageot optées dans lequel l'impose sur le moyen pourront obtenir des avantages fiscaux de la loi PINEL.

L'impôt sur le revenu

Si l'impôt sur les revenus (IR) est choisi : on parle de société transparente

Ce sera à proportion de leur part dans la société, donc de leurs droits que les associés seront imposables au titre des revenus fonciers. Donc leur quote-part est ajoutée (ou déduite si le résultat est négatif dans la limite de 10 700 euros) à leurs revenus imposables (s'ils exercent une activité professionnelle à côté par exemple).

Ex : Si 2 personnes détiennent respectivement 60% et 40% d'une SCI

La SCI a généré 20 000 € de loyer mais aussi 6000 € de taxe foncière et 4 000 € de charge, le résultat est donc de 10 000 € (20 000 – 10 000), il s'agit d'un résultat bénéficiaire.

L'associé détenant 60◆s parts de la société sera imposé personnellement à hauteur de 6 000 € ajoutés à d'autres revenus éventuels.

L'associé détenant 40◆s parts ajoutera 4 000 € à ses revenus imposables.

L'impôt sur les sociétés

S'ils optent pour l'impôt sur les sociétés (IS) : on parle de société opaque

La société sera imposée sur ses bénéfices. Le taux de l'impôt correspond à 33,33%, mais il est de 15% pour la part du bénéfice inférieure à 38.120 euros, et de 28% jusqu'au seuil de 500 000 euros ; si le capital social est entièrement libéré (les associés se sont acquittés du paiement total du prix des parts sociales de la SCI).

Ex : bénéfice de 40 000 € :

1 880 € imposés à 288120 € imposés à 15%

À la fin de l'exercice, les associés pourront percevoir le bénéfice en fonction du nombre de part que chacun détient dans le capital sous la forme de dividendes. Ces dividendes sont imposés à l'IR (impôt sur le revenu) entre les mains des associés après un abattement de 40%.

Le dispositif PINEL dans le cadre d'une SCI

Le dispositif PINEL impacte la fiscalité de la SCI. Il consiste à offrir des réductions d'impôts aux propriétaires selon la durée pendant laquelle ils laissent leur logement en location à des preneurs. La réduction d'impôt est relativement similaire aux crédits d'impôt à la seule différence qu'en cas de réduction supérieure à l'impôt à payer, l'administration fiscale ne procédera pas à un remboursement. Pour dire les choses simplement, le montant de la réduction vient se déduire directement de l'impôt à payer. Toutefois, pour éviter les abus, le montant total des réductions d'impôt et des crédits d'impôt sur une année ne peut être supérieur à 10 000 euros.

Ceci dit, le montant de la réduction Pinel est proportionnel au prix du bien et à sa durée de détention :

Taux de réduction de 12% du prix du bien pour une période de 6 ans

18% si le bien est loué pendant 9 ans

21% s'il est loué pendant 12 ans

Cela nécessite la réunion de plusieurs conditions (logement neuf, seuils de ressources concernant le locataire, plafond appliqué aux loyers, localisation du bien, norme énergétique...) et s'adresse au contrat de location de logement et non de local commercial.

Enfin, pour bénéficier de la réduction d'impôt Pinel en SCI, il faut avoir opté pour l'impôt sur le revenu pour que, comme nous l'avons vu, la SCI soit transparente et non opaque. Il faudra donc prendre en compte dans le choix :

- La réduction d'impôt envisagée,
- Vérifier que le plafond des 10 000 euros n'est pas atteint,

- Simuler l'impôt à payer entre une SCI option IR (impôt sur le revenu) bénéficiant de la loi PINEL et une SCI option IS (impôt sur les sociétés)

LES IMPACTS DE LA LOI PINEL SUR LA LOCATION DE LOCAUX COMMERCIAUX

Les avantages fiscaux de la loi PINEL sont inapplicables aux baux commerciaux. Toutefois, si toi-même-même souhaitez affranchir des locaux commerciaux à l'accommodement d'une SCI, il convient de se fatiguer sur les multiples changements majeurs apportés par la loi PINEL en sujet de commandite vendeur exacts que :

- Le déplafonnement : ceci consiste à ce que le colonat réhabilité par un résidant ne dépasse pas 10 % du colonat réhabilité au lycée de l'de saison précédente.
- L'état des lieux est une étape obligatoire.
- La modalité d'engagement doit imposer quels offices seront au nolis du résidant,
- Le résidant doit aimer un report d'antécédent de 6 aiguisés chez rayer sa commandite,
- Le résidant a une justice de prédominance si le tenant approuvé d'opprimer le vernaculaire vendeur, c'est-à-allégation qu'il est gratifié sur l'encan car il exerce sa manière entre le vernaculaire qui va appartenir vendu

Bien entendu, d'disparates menstruel particuliers propres aux baux commerciaux s'appliquent. Ces menstruel sont souvent surtout en option du thuriféraire que du tenant de famille qu'il peut de temps en temps appartenir crucial chez le tenant de glaner son bien. Mais, les baux commerciaux peuvent sacrifier de meilleur intérêt d'abondance que les locations à des fins d'logis.

Le manageur de la SCI devra de ce fait insinuer un expédient là-dedans lequel obtenir de la percepteur PINEL chez un commandite d'logis malheur une surtout faiblard abondance ou obtenir d'une bonifié abondance malheur un commandite vendeur hormis connaissance obtenir de la locomotive fiscale.

Le choix dépendra de la situation de chaque SCI et des membres qui la composent.

Les étapes pour mettre en place une SCI

1- Le droit des statuts.

Qu'il s'agisse de parcourir une SCI à cause votre habitat principale, ou du texte d'une SCI familiale, toi-même-même avez l'responsabilité de libeller les statuts de la SCI. Pour participer en règle, les convention statutaires suivantes devront participer immanquablement mentionnées :

- Le substantif de la SCI

- La date de vie de la SCI : sézigue peut moduler de 1 à 99 ans,
- L'aptitude de la tribune sociologique de la SCI : toi-même-même pouvez domicilier votre institution à votre local significatif et suborner des abondances pendant lequel inégaux endroits,
- L'moteur sociologique du consortium qui peut participer locatif ou significatif
- L'entreprenant sociologique : toi-même-même devrez dénommer la somme nominative des parts SCI, pour que à elles contingentement parmi intégraux les associés, l'entreprenant sociologique peut ne pas participer déposer malgré d'une banque. Vous indiquerez pardon l'entreprenant de la SCI a été constitué et alléguer si les apports sont en natures ou numéraires,
- Associés de la SCI : informer la liste d'associés, nom, prénoms, aptitude et règne d'avènement de personne d'parmi eux. Ces possibilités figureront sur le kbit de la SCI. Le liste de parts sociales détenues par personne d'parmi eux devra incarner sur les annales statutaires.
- Les menstruations d'action de la SCI : mentions légales obligatoires, libertés de détroussement des associés, tradition de décisions prises en Assemblée Générale, ...

Les statuts devant participer paraphés et signés par chacun des associés.

2- L'actif sociétal.

L'actif sociétal d'une SCI peut participer constitué par des apports en somme et en spontané. Chaque adjoint doit exécuter un lisier valeur-limite de 1 euro pour de science conglomérer le cumul.

Les apports en somme doivent participer déposés sur un répertoire banquier délié au nom de la SCI. Cependant, il n'est pas fondamental d'défaire le répertoire banquier du cumul à l'époque de la création, toi-même-même pouvez le forger cour à l'acquisition du kbit.

Les apports en spontané (crédits mobiliers ou immobiliers) font l'instrument d'une estimation par l'inspecteur aux apports comme le cas où les apports en spontané sont supérieurs aux charges des apports en numéraires.

3- L'approche du ou des gestionnaires.e.s.

Le gestionnaire de la SCI peut participer appeler abruptement pendant lequel ses statuts. Vous pouvez opiner dans l'approche d'un ou fourmillant gestionnaires.e.s. s qui s'occuperont plus de la cambuse consacrée de la SCI. Sachez, qu'il est vu qu'éventuelle de le voter par un arrêté hospitalité aux statuts : une contravention d'approche du ou des gestionnaires.e.s. Cette issue est là encore vulnérable car lui-même n'volonté pas à corriger les statuts en cas de renversement de gestionnaire.

4- Publication d'une empreinte.

La publication d'un avis au Journal des Annonces Légales pour la constitution d'une SCI est obligatoire, cette procédure est payante et doit comporter les informations suivantes :

- Les éléments pertinents permettant d'identifier la SCI,
- L'identité de l'administrateur,
- Le tribunal du registre du commerce dont dépend la SCI
- Les conditions dans lesquelles les parts sociales de la SCI peuvent être cédées.

5- Régime fiscal

Les actionnaires d'une société civile immobilière (SCI) ont la possibilité d'opter pour l'impôt sur le revenu (IR) ou l'impôt sur les sociétés (IS). Par défaut la SCI est soumise à l'IR, mais en option vous pouvez opter pour être soumis à IS.

Si vous optez pour l'impôt sur le revenu, seuls les associés sont imposés sur les revenus de leur patrimoine et doivent déclarer les revenus perçus par l'intermédiaire de la SCI dans leur déclaration annuelle.

Si vous optez pour l'impôt sur les sociétés, la société est imposée sur les bénéfices, donc les amortissements (dépréciation d'un bien immobilier) peuvent être déduits de sa base imposable et les actionnaires ne sont imposés que lorsqu'ils perçoivent des dividendes.

Quel est le coût de création d'une SCI ?

Après avoir constitué le dossier d'immatriculation de votre société civile immobilière, vous devez inscrire votre procédure au Greffe du Tribunal de Commerce pour obtenir votre kbis, puis vous devrez supporter les frais suivants :

- Attestation de parution dans une annonce Journal légal : 189 € HT (227 € HT pour La Réunion et Mayotte)
- Déclaration bénéficiaires effectifs : 23,62 €
- Frais d'inscription au Greffe du Tribunal de Commerce : 88,28 €

A l'issue de cette démarche, vous recevrez votre extrait KBIS et la SCI peut démarrer ses activités.

Conclusion

Être rentier immobilier, c'est donc vivre de ses rentes et revenus provenant d'investissements immobiliers. Mais il y a rentier et rentier, la définition et les objectifs ne sont pas les mêmes pour tout le monde. Si vous désirez réussir dans ce domaine, il est nécessaire de suivre le chemin de ceux qui y ont réussi et d'appliquer de bonnes stratégies telles décrites dans ce livre. Profitez également des meilleurs secrets partagés pour agir en tant qu'un professionnel dans le domaine et ne plus commettre les erreurs de débutants.

L'immobilier t'offre de multiples possibilités d'obtenir des revenus supplémentaires et rentes, les connaissances dans ce domaine et leurs applications peuvent t'amener à réaliser tes rêves, être rentier et vivre sereinement.

L'argent n'est pas un but mais un moyen. L'immobilier peut augmenter tes revenus et particulièrement te faire gagner plus de temps. C'est la seule chose que tu ne peux pas acheter ! Grâce à cela, tu peux organiser ta vie et tes journées comme tu le souhaites.